V&R

Dienst am Wort

Die Reihe für Gottesdienst und Gemeindearbeit

106
Kasualgottesdienste mit Symbolen

Vandenhoeck & Ruprecht

Kasualgottesdienste mit Symbolen

Stephan Goldschmidt

Vandenhoeck & Ruprecht

Bibliografische Information der Deutschen Bibliothek

Die Deutsche Bibliothek verzeichnet diese Publikation in der
Deutschen Nationalbibliografie; detaillierte bibliografische Daten sind
im Internet über <http://dnb.ddb.de> abrufbar.

ISBN 3-525-59515-8

Printed in Germany.
Satz: Weckner Fotosatz GmbH | media+print, Göttingen
Druck und Bindung: Hubert & Co., Göttingen

Gedruckt auf alterungsbeständigem Papier.

Inhalt

Einleitung

Freut euch mit den Fröhlichen und weint mit den Weinenden (Römer 12,15).

Seit Beginn meiner Tätigkeit als Pfarrer habe ich es als besonderes Privileg empfunden, an den herausgehobenen Tagen des Lebens vieler Menschen in meiner Gemeinde teilnehmen zu dürfen, die so etwas bilden wie Lebenswendepunkte. Ich spüre darin einen bereichernden Teil meines Berufes, mich beispielsweise mit zwei Menschen über ihre Liebe zu freuen, die sie veranlasst, ihr gemeinsames Leben in einem Traugottesdienst unter den Segen Gottes zu stellen. Es ist beglückend, sich mitzufreuen über das geschenkte Leben eines Kindes, das getauft werden soll. Besonders schön ist es, nach einer langen und intensiven Konfirmandenzeit als Höhepunkt eine Konfirmation zu feiern und den Jugendlichen mit Handauflegung den göttlichen Segen zuzusprechen. Ich empfinde es aber auch als ein Privileg meines Berufsstandes, mit den Weinenden zu klagen und zu trauern. Denn Sterben und Trauern gehören einfach zum Leben dazu. Als Pfarrer werde ich bei jeder Beerdigung an diese Regel erinnert.

In der Feier von Kasualgottesdiensten ist es mir, als nähme ich Teil an der ganzen Fülle des Lebens. Hier darf ich Menschen begleiten von der Geburt an, über die Zeit der Jugend bis hin zu Alter und Tod. Ich komme mit Menschen ins Gespräch, die mich an ihrer Liebe und Paargeschichte teilhaben lassen, deren Kinder ich später taufen oder konfirmieren darf. Und ich habe den Eindruck, als seien viele derjenigen, die nach einer kirchlichen Begleitung an den Wendepunkten ihres Lebens suchen, sehr offen und sensibel für spirituelle Themen. Es ist, wie es Andreas Leipold neuerdings in seinen Thesen zu einer theologischen Festtheorie formuliert, als schaffen diese Feste „Orte für die ‚andere Zeit', für alles im Alltag Ausgeblendete, für das ‚Heilige', für das notwendige Hören des Wortes [Gottes], das im Alltag oft überhört und verdrängt wird"[1].

---

1 Andreas Leipold, Die Feier der Kirchenfeste, 150.

Ohne die vieldiskutierte Frage nach der Kasualie als missionarische Möglichkeit direkt aufzunehmen, verstehe ich die Gottesdienste innerhalb der biographischen Feste als besondere Gelegenheit der religiösen Vertiefung von Lebensübergängen. Im Kasualgottesdienst kann ein Bewusstsein für die göttlichen Segenskräfte geweckt oder verstärkt werden, für die viele Menschen vor allem an der Schwelle zu einem neuen Lebensabschnitt eine ausgesprochene Sensibilität besitzen. Zugleich kann man nicht die Augen davor verschließen, dass bei Taufen, Trauungen und ähnlichen Feiern für zahlreiche Teilnehmerinnen und Teilnehmer die Liturgie und die gottesdienstliche Rede fremd ist.

Und so stellt sich die Frage nach einer angemessenen religiösen Sprache. Wie kann man heute von Gott reden, in einer Zeit, in der die religiöse Sprache entweder stark in den Hintergrund getreten ist oder sich kaum mehr von der Alltagssprache unterscheidet, weil über Gott allzu sichere Aussagen gemacht werden? Auf eine spezifisch religiöse Sprache zu verzichten und mit alltäglichen Worten über Gott zu sprechen, kann dabei keine Lösung sein. Denn dann geriete man in Gefahr, Aussagen zu machen, die Gott nicht gerecht werden können und die zudem durch ihre zu exakte Begrifflichkeit zu Recht den Argwohn oder Zweifel vieler Zeitgenossen wecken.

Bei der Frage nach einer der heutigen Zeit gemäßen Verkündigung habe ich mich an den Theologen und Religionsphilosophen Paul Tillich gehalten, der auf der Suche nach einer angemessenen religiösen Sprache das Symbol in seiner Bedeutung für die Religion hervorhob. In einem Aufsatz mit dem Titel „Das Wesen der religiösen Sprache" von 1959 weißt er darauf hin, dass es in der Sprache verschiedene Wirklichkeitsschichten gibt, „die qualitativ so verschieden sind, daß man sie nur mit verschiedenen sprachlichen Systemen erfassen kann"[2]. Im Gegensatz zur Sprache der Mathematik, ist die symbolische Rede geeignet für Aussagen über Gott.

Dies gilt deshalb, weil Symbole uns „Wirklichkeitsschichten eröffnen, die sonst verborgen sind und die auf keine andere Weise sichtbar gemacht werden können"[3]. Nach Tillich könnten wir

2 Paul Tillich, Das Wesen der religiösen Sprache, 213.
3 Paul Tillich, Das Wesen der religiösen Sprache, 215.

über Gott fast gar nichts sagen, wenn wir uns nicht der symbolischen Rede bedienten. Fast jede Aussage über ihn, ob wir ihn Vater, Mutter oder höchstes Wesen nennen, ist eine Übertragung unserer immanenten Wirklichkeit auf den transzendenten Gott und damit symbolische Rede.

In Anbetracht dieser Begrenzung unserer Sprache im Hinblick auf religiöse Aussagen liegt es zunächst nahe, davon zu sprechen, dass wir nur symbolisch von Gott reden können. Doch Tillich wehrt sich vehement dagegen, die symbolische Rede in dieser Weise abzuwerten. Für ihn ist es ein Missverständnis wenn man beispielsweise davon spricht, Brot und Wein würden im Abendmahl Leib und Blut Christi nur symbolisieren. Für ihn haben nämlich die Symbole Teil an der Wirklichkeit, auf die sie hinweisen[4]. Symbole haben also die Fähigkeit, eine Wirklichkeit zu verdeutlichen, die der „nichtsymbolischen Redeweise unzugänglich ist"[5]. Gleichzeitig aber haben Symbole eine ungeheure Kraft und sie können die tieferen Schichten der Seele öffnen[6].

Bei der Auswahl der Symbole, die den in diesem Buch vorgestellten Kasualgottesdiensten ein Thema geben, kann grundsätzlich jeder Gegenstand gewählt werden. Weil aber Symbole Anteil haben an der Wirklichkeit, auf die sie hinweisen, sollten sie unter der Fragestellung ausgewählt werden, ob sie authentisch oder nicht-authentisch sind im Blick auf das, was sie symbolisieren und zugleich angemessen oder unangemessen in ihrer Ausdruckskraft[7]. In einem Kasualgottesdienst kommt noch hinzu, dass die Symbole zugleich die Lebenswirklichkeit der Teilnehmerinnen und Teilnehmer aufgreifen sollten[8].

---

4 Paul Tillich, Recht und Bedeutung religiöser Symbole, 238.
5 Paul Tillich, Das Wesen der religiösen Sprache, 215.
6 Paul Tillich, Das Wesen der religiösen Sprache, 216.
7 Vgl. Paul Tillich, Existenzialanalyse und religiöse Symbole, 236.
8 Andreas Leipold: „Das Fest muß in Kontakt mit der Lebenswirklichkeit stehen, wenn es ein wirkliches Fest des Lebens sein will. Ist dies nicht der Fall, ist der Alltag im Fest vergessen, kommt es zu einer Isolation, in der das Fest als bloße Flucht aus der alltäglichen Lebenswirklichkeit erscheint, in der lediglich ihr Vergessen und Verdrängen gesucht wird, nicht die heilsame Entlastung, die es neu ermöglicht, Last auf sich zu nehmen und Verantwortung für das Leben in der Welt wahrzunehmen.", in: Die Feier der Kirchenfeste, 151.

Bei der Auswahl der hier vorgestellten Kasualgottesdienste hat mich der Gedanke geleitet, Pfarrerinnen und Pfarrern eine ausgewogene Auswahl an die Hand zu geben. Neben einem Konfirmationsgottesdienst und einer Feier der Goldenen Konfirmation sind vier Taufen, drei Trauungen sowie ein Tauf- und Traugottesdienst und schließlich ein Ehejubiläum dargestellt. Mehrere geeignete Beerdigungen einer breiteren Öffentlichkeit vorzustellen, erwies sich als kaum möglich, auch wenn Symbole gerade in Zeiten der Trauer sehr hilfreich sein können. Weil ich aber stets das Leben der verstorbenen Menschen bis in die Einzelheiten ihrer Biographie in meine Beerdigungsansprachen hineinnehme, kann ich diese weder veröffentlichen, noch werden sie für Kolleginnen und Kollegen hilfreich sein. Die einzige Ausnahme bildet die Beerdigung eines neugeborenen Kindes. Diese mag als Beispiel dienen, das übertragen werden kann, wenn ein tot geborenes oder früh verstorbenes Kind beerdigt werden muss. Am Ende habe ich einen Entwurf hinzugefügt, der im strengen Sinne keinen Kasualgottesdienst bildet. Da aber das Gedenken der Verstorbenen am Ewigkeitssonntag in den Zusammenhang einer Kasualie gehört und neben der Beerdigung zur gottesdienstlichen Begleitung der Trauernden zählt, habe ich ihn in dieses Büchlein mit aufgenommen.

Ich möchte denjenigen danken, die mir durch Anregungen und kritische Rückmeldungen beim Entstehen dieses Buches geholfen haben. Namentlich erwähnen möchte ich meine Frau, Inken Richter-Rethwisch, und meine Freunde Dr. Andreas Leipold und Eckhard Sckell. Danken möchte ich aber auch den Menschen, die mich durch ihre Offenheit darin unterstützt haben, die hier vorliegenden Kasualgottesdienste zu gestalten.

Ich würde mich freuen, wenn Kolleginnen und Kollegen in ihrer Kasualpraxis die eine oder andere Idee aus diesem Buch aufgreifen. Dabei verstehe ich die dargestellten Gottesdienstentwürfe als eine Sammlung von Texten, Gebeten und Segensworten, die je nach Bedarf genutzt und umgeformt werden können.

Kassel, im August 2005   *Stephan Goldschmidt*

1

„*Ihr seid das Licht der Welt!*"

Abendmahlsgottesdienst am Vorabend
der Konfirmation zum Symbol der Kerze

Eingang

Musik

Begrüssung und Einstimmung in das Thema

Wir feiern diesen Gottesdienst im Namen Gottes,
des Vaters, der das Licht geschaffen hat,
im Namen des Sohnes, dem Licht der Welt
und im Namen des Heiligen Geistes,
der in uns wohnt wie ein Lichtfunke.

Herzlich willkommen zu diesem Abendmahlsgottesdienst am Abend vor der Konfirmation. Mit ihm nehmen wir einen Teil des Konfirmationsgottesdienstes vorweg, das gemeinsame Abendmahl, das dadurch sein eigenes Gewicht erhält.

Den heutigen Abendgottesdienst und die morgige Konfirmation möchte ich dadurch zusammenbinden, dass ich jedem ein Symbol zuordne. Heute Abend soll es mit dem Symbol der Kerze um das Licht gehen, morgen darum, wie wir dieses Licht aufnehmen in unsere Herzen.

Die Kerze ist ein Bild für das Licht, von dem Jesus Christus spricht: „Ich bin das Licht der Welt, wer mir nachfolgt, der wird nicht wandeln in der Finsternis, sondern wird das Licht des Lebens haben." Und zugleich erinnert die Kerze an die Zusage Jesu, die einem jeden von uns gilt: „Ihr seid das Licht der Welt."

Gerade auf euch Konfirmandinnen und Konfirmanden trifft das zu für euren Weg in die Selbständigkeit. Jeder von euch ist wunderbar und einzigartig. Deshalb stellt euer Licht nicht unter den Scheffel, sondern lasst es leuchten, damit auch andere sich an euch und euren Fähigkeiten freuen können!

LIED   Bleib bei mir, Herr! Der Abend bricht herein (EG* 488)

(* bezeichnet die Ausgabe der Ev. Kirche von Kurhessen-Waldeck oder der Ev. Kirche in Hessen-Nassau.)

PSALM 43

Sende dein Licht und deine Wahrheit,
und setze in deinem Namen das Recht
durch, damit ich errettet werde
von den falschen Leuten, die Böses planen.
Denn du, Gott, bist meine Stärke,
die mir auch dann beisteht,
wenn deine Macht in den Hintergrund
getreten zu sein scheint,
und die mich schützt,
auch wenn ich ungerecht angefeindet werde.
Sende dein Licht und deine Wahrheit,
dass sie mich zu dir leiten,
und mich dorthin führen,
wo du wohnst und wo ich geborgen bin.
Bei dir finde ich Freude und Wonne,
dass mein Mund vor lauter Dank voll ist.
Denn du sendest dein Licht und deine Wahrheit,
damit sie meine Seele hell machen.

LIEDRUF Laudate omnes gentes (EG 181,6)

KYRIE

Licht sollen wir sein und in der Dunkelheit leuchten,
wie eine Kerze während der Nacht.
Aber manchmal verstecken wir uns lieber,
statt unser Licht leuchten zu lassen.
Oder wir wollen uns schonen,
statt uns für andere hinzugeben.
Deshalb bitten wir Gott um Erbarmen und singen:
Kyrie eleison, Herr erbarme dich.

LIEDRUF Kyrie, Kyrie eleison (EG 178,12)

GLORIA

Wir können leuchten und andere mit unserem
Licht erfreuen,
weil Gott wie ein Lichtfunke in uns wohnt.
Wie wir Teil haben an seinem Licht,
so können wir seinen Segen zu den Menschen tragen.
Darum loben wir Gott, dessen Licht wir weitergeben
und singen:
Gloria in excelsis deo, Ehre sei Gott in der Höhe.

LIEDRUF Gloria (EG 566[9])

GEBET

Guter Gott, wir sind in deinem Namen zusammen
gekommen,
weil wir gemeinsam einen wichtigen Schritt tun
in ein selbstbestimmtes Leben.
Es ist gut, dass du diesen Weg mit uns gehst,
denn du erleuchtest unsere Schritte mit dem Licht
deiner Herrlichkeit.
So wollen wir uns für dich öffnen,
für die Gemeinschaft mit dir und unter uns,
für dein Wort,
für die Lieder, die wir singen,
für die Gebete, die wir zu dir sprechen,
für das Abendmahl, das wir feiern.
Schenke uns einen guten Abend
und morgen einen gesegneten Tag.
Begleite uns mit dem Licht,
das in deinem Sohn in diese Welt gekommen ist
und das durch den Heiligen Geist in unseren Herzen
wohnt.
Amen.

---

9 EG 572 im Regionalteil der Evangelischen Landeskirche in Württemberg. EG
575.2 im Regionalteil der Ev. Kirche in Österreich.

Verkündigung

Lied   Strahlen brechen viele aus einem Licht (EG 268)

Schriftlesung (Matthäus 5,14–16)
> Jesus Christus spricht: Ihr seid ein Licht für die Welt.
> Wie eine Stadt auf dem Berge nicht verborgen sein kann,
> so soll auch euer Licht leuchten.
> Ein Licht zündet man auch nicht an,
> um es unter einem Gefäß zu verbergen,
> sondern um es auf einen Leuchter zu stellen.
> Dann kann es allen leuchten, die im Hause sind.
> Deshalb lasst euer Licht leuchten vor den Leuten,
> damit sie eure guten Werke sehen
> und euren himmlischen Vater preisen.

Ansprache

Kerzen sind ein Bild für die Liebe Gottes
Liebe Eltern, Großeltern, Paten, aber vor allem liebe Konfirmandinnen und Konfirmanden,

zu Beginn eurer Konfirmandenzeit hat ein jeder von euch eine Kerze gestaltet, die an eure Geburt und eure Taufe erinnert. Eure Kerzen hatten während der letzten anderthalb Jahre ihren Platz hier in der Kirche. Bei jedem Gottesdienst, den ihr besuchtet, habt ihr die Kerze angezündet. Manche Kerze ist im Lauf der Zeit ziemlich herabgebrannt, andere Kerzen blieben erstaunlich groß. Aber nicht nur eure Kerzen, auch ihr selbst habt euch während der vergangenen anderthalb Jahre verändert. Anders als diese seid ihr in dieser Zeit gewachsen, äußerlich und auch innerlich. Ihr habt euch ausprobieren können in der Konfirmandenzeit, bei der Begegnung mit anderen Jugendlichen, bei der Gestaltung von Gottesdiensten. Ihr habt gelernt, euer Licht leuchten zu lassen, wie eine Kerze, die angezündet wird.

Ich möchte heute Abend die Kerze als Bild für die Liebe Gottes gebrauchen, der uns das Licht schenkt, damit wir leben können. Wir brauchen das Licht zum Leben, weil es die Finsternis vertreibt. Aber das Licht kann auch Angst vertreiben in der Nacht oder Hoffnung wecken, wenn es auf das Ende eines Tunnels hinweist. Ein Licht kann uns Orientierung bieten, wenn wir in der Nacht vor die Türe gehen. Oder es schenkt Geborgenheit, wenn wir eine Kerze am Abend entzünden.

Kerzen sind ein Bild für das Leben, das sich in Liebe verschwendet
Weil das Licht zum Leben gehört, begleiten Kerzen unser Leben. Ich habe denen unter euch, die ich während der Konfirmandenzeit getauft habe, eine Kerze überreicht als Zeichen für die Liebe Gottes, die in der Taufe sichtbar wird. Kerzen sind aber nicht nur ein Bild für die Übergänge des Lebens, sondern auch für das Leben selbst. Wie eine Kerze nur Licht spenden kann, wenn sie langsam herunterbrennt, so ist das auch mit dem Leben. Es gewinnt erst dann an Bedeutung, wenn es sich für andere hergibt und sich wie eine Kerze verzehren lässt. Kerzen müssen sich hingeben, um leuchten zu können, so wie auch ihr während eures Lebens eure Kraft für andere einsetzen müsst. Wie eine Kerze erst ihren Sinn erfüllt, wenn sie sich hingibt, so werdet auch ihr eurer Bestimmung nur dann gerecht, wenn ihr euch in Liebe für andere verschwendet.

Christlicher Glaube macht Mut, ein Licht für die Welt zu sein
Jesus Christus spricht: „Ihr seid ein Licht für die Welt." Vielleicht werdet ihr euch fragen, wie ihr ein Licht sein könnt, das Bedeutung hat für diese Welt. Ist das nicht ein Anspruch, den ihr gar nicht erfüllen könnt? Der christliche Glaube regt an, sich im Vertrauen auf Gott viel zuzutrauen. Er spricht euch zu, dass ihr ein Licht sein könnt für diese Welt und er macht euch das zugleich zur Aufgabe. Ihr könnt ein solches Licht sein, wenn ihr das Licht der Welt, Jesus Christus, in euch tragt. Ihr seid wichtig und sogar notwendig, damit das göttliche Licht auf der Erde leuchten kann. Denn nur durch euer Tun wird die Liebe Gottes in der Welt deutlich. Oder wie es Jesus in der Bergpredigt ausdrückt: „Deshalb lasst euer Licht leuchten vor den Leuten, damit sie eure guten Werke sehen und euren himmlischen Vater preisen."

Ein Licht für die Welt kann nur sein, wer den Träger des Lichtes in sich aufnimmt
Doch die Voraussetzung bleibt: Ihr seid nur Licht, wenn ihr an dem Licht der Welt teilhabt und wenn ihr bereit seid, euch für andere Menschen oder eine wichtige Aufgabe zum Teil hinzuge-

ben. Warum das so ist, wird anschaulich, wenn wir aus einer Wachsplatte und einem Docht eine Kerze formen. Die Platte aus Bienenwachs mag für sich genommen durchaus schön und gleichmäßig geformt sein und darüber hinaus gut riechen. Aber sie verfehlt doch ihre Bestimmung, wenn sie sich nicht mit einem Docht verbindet. Wie eine Wachsplatte einen Docht braucht, um zur Kerze zu werden, so braucht umgekehrt der Docht das Wachs, um dauerhaft brennen zu können und nicht wie ein Strohfeuer nach wenigen Augenblicken zu verlöschen.

Die Wachsplatte wird zu einer Kerze, wenn sie ihre ursprüngliche Form aufgibt und sich um den Docht herumschmiegt. Sie muss den Träger des Lichtes in sich aufnehmen, ihn zum Mittelpunkt werden lassen. Nur so wird aus der Wachsplatte eine Kerze. Das geht aber nicht ohne Veränderung. Die Wachsplatte muss sich biegen lassen, sie muss Druck aushalten, ihm in der richtigen Weise nachgeben. Gleichzeitig muss sie ein gerades Rückgrat behalten und sich strecken, damit sie zu einer schönen und geraden Kerze wird.

Ein Licht muss sich verändern lassen, um Bedeutung für andere zu bekommen

Auch ihr müsst, um ein Licht zu werden, euch an einer Mitte orientieren, an Jesus Christus, dem Licht der Welt. Das ist nicht leicht, denn manchmal bedeutet das, Veränderungen annehmen zu müssen. Die Richtung unseres Lebens, die wir ihm gegeben haben, bekommt immer wieder eine andere Ausrichtung, so wie sich die Wachsplatte immer wieder neu um den Docht ausrichten muss. Licht zu sein, bedeutet, sich nicht gegen Veränderungen zu sträuben und doch zugleich ein gerades Rückgrat zu behalten, nicht zu buckeln oder sich klein machen zu lassen.

Und wie eine Kerze am Ende das Licht spendet, indem sie sich von einem anderen Licht anstecken lässt, so ist das auch, wenn ihr zu Lichtern werdet, die Bedeutung haben für andere. Auch ihr braucht andere Lichter, andere Menschen, die eure Begeisterung wecken können, die euch geradezu anstecken können und für eine Aufgabe gewinnen. Dann bleibt es nicht aus, dass ihr eure Kräfte verzehrt, wie eine Kerze sich ja in gewisser Weise aufgibt, um anderen zu leuchten. Aber wie eine Kerze nur ihrer Bestimmung folgt, wenn sie sich verzehren lässt, so bekommt auch euer Leben erst seinen wirklichen Glanz, wenn ihr einen Teil eurer Energie und Kraft für andere einsetzt.

LIED   Ein Licht geht uns auf in der Dunkelheit (EG 557[10])

Abendmahl

SÜNDENBEKENNTNIS

Wir, damit meine ich euch Konfirmandinnen und Konfirmanden und mich, haben eine etwa anderthalb Jahre während Geschichte hinter uns.

Sie haben als Eltern oder Großeltern eine noch viel längere Geschichte mit Ihren Kindern oder Enkeln. Und umgekehrt habt ihr Konfirmandinnen und Konfirmanden eine Geschichte mit Eltern, Paten, Geschwistern, Freunden. Wir sind miteinander verwoben, wie die Waben einer Wachsplatte, aus der eine Kerze geformt ist. Wie diese Waben, eine mit der anderen verbunden ist in einer vielfältigen Beziehung, so gehören wir als Familie, als Freunde oder als Gruppe zueinander.

Heute Abend blicken wir zurück,
auf das gemeinsam Erlebte,
auf das Schöne, wofür wir dankbar sein können.
Aber auch auf viel gut Gemeintes, was schief
gegangen ist,
auf enttäuschte Hoffnungen und versagte Träume.
Jetzt ist Raum, in der Stille all' das vor Gott zu bringen,
indem wir eine Kerze anzünden hier vorne am Altar.

KERZEN AUF DEM TAUFSTEIN ENTZÜNDEN ALS STILLES GEBET

---

10 EG 555 im Regionalteil der Ev. Landeskirche in Württemberg.

Guter Gott, wir möchten sein wie eine Kerze,
die sich für andere hingibt und die sich verzehren lässt.
Wir haben es versucht, für andere da zu sein,
aber oft ist es uns nicht gelungen.
Wir wollten aufeinander zugehen, haben aber oft
geschwiegen.
Wir wollten einander Freude schenken und haben
Leid gebracht.
Wir wollten einander Freunde werden und blieben
uns doch fremd.
Wir wollten an dich glauben, blieben aber oft voller
Zweifel
Wir wollten zu dir beten und haben es immer wieder
vergessen.
Wir wollten deinen Willen tun, aber konnten es oft nicht.

Nun sind wir hier zu dir gekommen.
Du willst, dass wir auf dein Wort hören,
dass wir miteinander reden und zueinander finden
und dass wir einander glücklich machen.
Wir bitten dich um Vergebung,
wo wir deinem Willen nicht getan haben
und unserer Bestimmung nicht gefolgt sind.

ZUSPRUCH

Guter Gott, du vergibst unsere Schuld.
Du bist wie ein beschützender Vater und eine bergende
Mutter.
Du gibst uns das Licht auf unseren Wegen.
Du gibst unserem Leben ein Ziel und unseren Wegen
eine Richtung.

LIED Kommt mit Gaben und Lobgesang (EG 229)

LOBGEBET

> Wir preisen dich, Gott, du Licht der Welt,
> du schenkst uns dieses Brot,
> gewachsen durch Regen und Sonne
> und geformt durch der Hände Arbeit.
> Lass es uns zum Brot des Lebens werden.
>
> Und du schenkst uns diesen Wein,
> gewachsen durch die Kraft des Weinstocks
> und gereift unter den Strahlen der Sonne.
> Lass ihn uns zum Kelch des Heils werden.

EINSETZUNGSWORTE

VATERUNSER

AGNUS DEI (EG 190,2)

FRIEDENSGRUSS

> Das Licht Jesu Christi erleuchte euch!

AUSTEILUNG

> Nehmt das Licht Christi in euch auf
> und schmeckt vom Brot des Lebens
> und trinkt vom Kelch des Heils!

DANKGEBET

> Herr Jesus Christus,
> du Licht der Welt,
> du hast uns an deinen Tisch geladen
> und willst uns nahe sein.
> Komm, um in uns zu wohnen
> und wie ein Lichtfunke in uns zu sein.
> Amen.

Segen

LIED Tragt in die Welt nun ein Licht (EG 588[11])

SEGEN

 Es segne dich Gott,
 der das Licht geschaffen hat.
 Er gebe dir Teil an seinem Licht,
 damit du es hineintragen kannst
 zu den Menschen in der Nähe
 und in der Ferne.
 Amen.

---

11 EG 571 im Regionalteil der Ev.-Lutherischen Kirchen in Niedersachsen und
der Bremischen Ev. Kirche. EG 538 im Regionalteil der Ev. Kirche im Rheinland, der Ev. Kirche von Westfalen und der Lippischen Landeskirche sowie der
Ev.-reformierten Kirchen in Bayern und Nordwestdeutschland und der Ev.-
altreformierten Kirche in Niedersachsen. EG 539 im Regionalteil der Nordelbischen Ev.-Lutherischen Kirche. EG 593 im Regionalteil der Ev. Kirche in
Österreich.

2 Gott will im Herzen wohnen

Konfirmationsgottesdienst
zum Symbol des Herzens

Eingang

Lied   Tut mir auf die schöne Pforte (EG 166,1–2)

Begrüssung

Wir feiern diesen Konfirmationsgottesdienst im
Namen Gottes,
der einen jeden von uns kennt,
der um die Freude unseres Herzens weiß,
dem aber auch unsere Sorge nicht verborgen bleibt.

Heute werden 15 junge Menschen konfirmiert. Sie sind
auf dem Weg in ein selbstbestimmtes Leben und halten
heute noch einmal inne, um sich den Segen Gottes
zusprechen zu lassen.

Ich habe den Gottesdienst überschrieben mit dem
Thema: „Gott will im Herzen wohnen". Das Bild des
Herzens wird uns begleiten durch den Gottesdienst hindurch. Es ist ein passendes Symbol für einen Konfirmationsgottesdienst. Denn das Herz ist besonders empfänglich für Gottes Gegenwart. Es ist das Organ, in das er
mit seinem Segen kommen kann, den ihr Konfirmandinnen und Konfirmanden nachher zugesprochen
bekommt.

Lied   Auf und macht die Herzen weit (EG 454)

PSALM 139

Ach Gott, du siehst mein Herz.
Du kennst mich.
Wie schön, dass du mir nahe bist
und ich geborgen bin in dir.
Du sieht meine Sorge und Angst.
Du siehst alle meine Fluchtwege,
du hörst alle meine Ausflüchte,
durch die ich mein Herz verbergen will.
Du siehst mich,
wenn ich träume von großen Dingen,
die ich tun will,
und wenn ich versage,
statt das Notwendige zu tun.
Keinen Schritt, den ich gehe,
den du nicht begleitest.
Kein Wort, das ich spreche,
das du nicht hörst, ehe es laut wird.
Wie in zwei großen Händen hältst du mich.
Ich bin geborgen wie ein Vogel im Nest.
Ach Gott, du siehst mein Herz
und kennst mich.
Wie schön, dass du mir nahe bist
und ich geborgen bin in dir.
Lasst uns lobsingen:

LIEDRUF Sollt ich meinem Gott nicht singen (EG 325,1)

GEBET

Lebendiger Gott,
komm zu uns mit deiner heilenden Gegenwart
und sei bei uns,
wenn wir nun singen und beten,
reden und hören.
Komm zu uns
und mache unsere Herzen weit,
damit wir dein Wort recht verstehen
und deine Gegenwart spüren.

Komm mit deinem Segen,
um in unseren Herzen zu wohnen,
heute und an den Tagen,
die kommen.
Amen.

Verkündigung

SCHRIFTLESUNG (1. Korinter 13,1–13)

Wenn ich mit menschlichen Worten reden könnte
und singen könnte wie die Engel,
hätte aber keine Liebe in mir,
so wäre ich nichts als eine tönende Glocke
oder eine gellende Schelle.
Wenn ich die Zukunft vorhersagen könnte
und alle Geheimnisse kennen würde
und die Weisheit der Welt durchschaute
und wenn mein Glaube die Macht hätte,
Berge zu versetzen,
aber keine Liebe wäre in mir,
so wäre ich nichts.
Wenn ich alle meine Habe den Armen gäbe
und ginge für Christus ins Feuer,
aber keine Liebe wäre in mir,
so nützte es mir nichts.

Die Liebe ist ausdauernd und freundlich,
sie kennt keine Eifersucht,
sie treibt keinen Mutwillen,
sie macht sich nicht selbst groß,
sie beleidigt nicht,
sucht nicht ihren Vorteil
und wird nicht bitter durch dunkle Erfahrung.
Sie rechnet niemandem Böses an.
Sie freut sich nicht über die Ungerechtigkeit,
sondern an der Wahrheit;
sie erträgt alles, sie glaubt alles,

sie hofft alles, sie duldet alles.
Die Liebe hört niemals auf,
obwohl doch alle menschliche Kenntnis
von Gott vergehen wird
und alles aufhören wird,
was Menschen von Gott geredet
und über ihn gedacht haben.
Denn vorläufig ist, was wir wissen
und über Gott reden.
Kommt aber das Vollkommene,
so endet das, was heute noch vorläufig ist.

Als ich ein Kind war,
redete ich wie ein Kind, dachte wie ein Kind
und war klug wie ein Kind;
als ich aber erwachsen wurde,
legte ich das kindliche Wesen ab.
Jetzt sehen wir Gott wie durch einen trüben Spiegel,
fremd und rätselhaft,
dann aber von Angesicht zu Angesicht.
Jetzt erkenne ich vorläufig;
dann aber werde ich wirklich erkennen,
wie ich erkannt bin.
Nun aber bleiben Glaube, Hoffnung, Liebe,
diese drei; aber die Liebe ist die größte unter ihnen.

LIED   Herr, deine Liebe ist wie Gras und Ufer (EG 610[12])

ANSPRACHE

Konfirmation als Schritt in die Eigenverantwortlichkeit

Liebe Konfirmandinnen und Konfirmanden,
für euch ist dies heute ein besonderer Gottesdienst, besonders deshalb, weil ihr konfirmiert werdet und wir den Segen Gottes für
einen jeden von euch erbitten. Auf eurem Weg von der Kindheit in
ein immer selbstbestimmteres Leben halten wir vor Gott und den
Menschen, die euch bis hierher begleitet haben, noch einmal inne.

---

12 Alternativ kann EG 417 gesungen werden.

Sie als Eltern und Großeltern werden sich fragen, wie die Zeit so schnell vergangen ist. Ihnen werden Bilder vor Augen stehen, als die Jugendlichen, die hier vorne sitzen, noch Kinder waren. Das ist heute Vergangenheit, seht ihr doch gerade heute schon sehr erwachsen aus in euren Kleidern und Anzügen. Vielleicht gehen dem einen oder der anderen von euch Konfirmandinnen und Konfirmanden Bilder von eurer Kindheit durch den Kopf, schöne Erinnerungen vielleicht, aber auch das, was euer Kinderherz einst schwer machte.

Das Herz als Organ für den Empfang des Konfirmationssegens
Um nicht gedankenlos den Schritt zu gehen in die Eigenverantwortlichkeit, schauen wir heute zurück, aber vor allem nach vorne. Und zugleich möchte ich euch den Segen Gottes für euren weiteren Lebensweg zusprechen. Dazu werde ich euch die Hände auflegen und eine alte Segensformel sprechen. Der Ort aber, an dem die göttlichen Segenskräfte haften bleiben sollen, ist euer Herz. Das Herz, das in den Psalmen und zahlreichen Liedern häufig als die Wohnstätte Gottes in uns Menschen bezeichnet wird. Hier sollen die Segenskräfte wirksam werden, die euch in diesem Gottesdienst mit auf den Weg gegeben werden.

Das Herz ist dazu besonders geeignet, weil es der Sitz der Gefühle ist. Den Menschen, die wir lieben, sind wir von Herzen zugeneigt. Ein Herz steht für die Liebe zweier Menschen. Das Herz ist also das Symbol für die großen Gefühle, für die Liebe. Vielleicht haben einige von euch schon einmal ein Herz irgendwo heimlich eingeritzt. Oder es hat euch geärgert, wenn ihr in einem gemalten Herzen von anderen mit einem Jungen oder einem Mädchen in Verbindung gebracht wurdet. Denn so schnell wolltet ihr eurer Herz dann doch nicht verschenken.

Das Herz als Symbol für Liebe und Freundschaft
Das Herz ist das Symbol für die Liebe, aber darüber hinaus auch für die Freundschaft. Ich wünsche euch, dass Gott euch mit beidem in eurem Leben segnet. Denn beides gehört zu einem erfüllten Leben hinzu, Liebe und Freundschaft. Und wie alles Wichtige im Leben können wir uns Liebe und Freundschaft immer nur schenken lassen von den Menschen um uns herum und letztlich von Gott, der uns damit Anteil gibt an seinem Segen. Die göttli-

chen Segenskräfte, um die wir heute für euch bitten, mögen eure Herzen weit machen und stärken, dass sie empfänglich sind für Liebe und Freundschaft.

Wie aber ist echte, tiefe Liebe, werdet ihr fragen, wie erkennt man sie? Und woher weiß ich, dass ein Kamerad ein wirklicher Freund ist, dem ich mich anvertrauen kann und mit dem ich Dinge machen kann, die ich mit anderen nicht tun würde? Woher kommt die Gewissheit, dass ich einem Freund oder einer Freundin Dinge sagen kann, die ich eigentlich niemandem erzählen dürfte?

Die Worte, die wir eben in der Schriftlesung gehört haben, können uns helfen, darauf eine Antwort zu finden. Diese Worte des Paulus, die sich zum Hohen Lied der Liebe verdichtet haben, drücken aus, wie Liebe, aber auch Freundschaft sein sollen. Sie sprechen von unserer Sehnsucht nach wahrer Liebe und lassen uns zugleich erschrecken, denn solche Liebe gibt es nicht oder nur ganz selten:

Die Liebe ist ausdauernd und freundlich,

sie kennt keine Eifersucht,

sie treibt keinen Mutwillen,

sie macht sich nicht selbst groß,

sie beleidigt nicht,

sucht nicht ihren Vorteil

und wird nicht bitter durch dunkle Erfahrung.

Sie rechnet niemandem Böses an.

Sie freut sich nicht über die Ungerechtigkeit,

sondern an der Wahrheit;

sie erträgt alles, sie glaubt alles, sie hofft alles, sie duldet alles.

Die Liebe als Aufgabe für das selbstverantwortete Leben

Dass Liebe nicht immer so ist, das habt ihr Konfirmandinnen und Konfirmanden sicher schon längst erfahren. Es gibt die unerwiderte Liebe, den Liebeskummer, der einen todtraurig werden lässt. Oder es gibt die Liebe, die sich aufdrängt, auch wenn wir sie eigentlich gar nicht wollen. Wir sind tief enttäuscht, wenn unsere Zuneigung in der Freundschaft missbraucht wird. Manchmal kann aus einer solchen Enttäuschung heraus geradezu Hass entstehen. Aber auch dort, wo die Liebe gelingt, wo zwei Herzen im gleichen Takt schlagen, können sich Liebende verletzen.

Die Liebe zwischen uns Menschen wird also kaum dem Ideal entsprechen, dass sie stets langmütig ist, nichts Böses anrechnet, alles erduldet. Und doch drücken die Worte aus dem Hohen Lied der Liebe unser Ideal der Liebe und Zuwendung unüberbietbar aus, sie schildern sie in der reinen Form, wie eigentlich nur Gott lieben kann.

Allerdings will ich mich nicht damit abfinden, dass die Worte des Paulus nur ein Ideal beschreiben, gehört es doch zu den Aufgaben eines jeden Menschen, sich der Liebe in ihrer reinen Form anzunähern und ein weites Herz zu entwickeln.

Die Bedeutung des Herzens für das selbstbestimmte Leben

Auf dem Weg in ein selbstbestimmtes Leben ist es deshalb gut, wenn euer Herz gestärkt wird durch den göttlichen Segen. Denn ob euer Leben gut und für andere wichtig wird, entscheidet sich nicht zuletzt am Herzen. Wer ein kaltes Herz hat, wird auch im größten Erfolg nicht glücklich sein. Wessen Herz sich nicht mit den Herzen anderer Menschen verbinden kann, dem wird in seinem Leben immer etwas fehlen. Glück können wir nur mit dem Herzen empfinden, und nur dort, wo wir etwas von Herzen geben oder von Herzen tun, ist es gut.

Man hat früher deshalb manchmal von Herzensbildung gesprochen und hat darunter das christliche Leben verstanden, dem es aufgegeben ist, sein Herz wach zu halten, es nicht mit einem Panzer zu umgeben. Wie wichtig es ist, das Herz zu bilden, wird an zahlreichen Sprichwörtern oder Redewendungen deutlich:

Wenn ein Mensch warmherzig ist und sein Handeln von der Liebe leiten lässt, dann sprechen wir davon, dass er das Herz auf dem rechten Fleck trägt. Wir nennen jemanden großherzig, wenn er an die Bedürfnisse anderer denkt und gütig ist. Herzensgut ist jemand, der anderen von Herzen zugeneigt ist. Aber es gibt auch andere Fähigkeiten des Herzens, die für ein gelingendes Leben wichtig sind: Beherzt nennen wir jemanden, der mutig ist und schnell entschlossen Entscheidungen fällt. Ein weites Herz kann sich freuen und ist offen für das Glück und die Schönheit dieser Welt.

Es kann aber auch etwas auf unserem Herzen lasten, das uns bedrückt. Ein Herz kann bleischwer werden, wenn wir uns schweren Herzens zu einem unabdingbaren Schritt entschließen. In solchen Augenblicken ist es gut zu wissen, dass Gott in unseren Herzen wohnt und uns hilft, die Lasten zu tragen, die auf dem Herz wie eine Bürde liegen.

Der Konfirmationssegen als Stärkung des Herzens

Ein Herz kann verletzt werden, es kann sich auch verschließen, erkalten und zu einem steinernen Herzen werden, das sich abschottet vor den Bedürfnissen anderer, zugleich aber keinen Raum mehr hat für Freude oder Schmerz. Einem solchen kalten Herz fehlt das Entscheidende. Deshalb ist es ein Symbol für ein unglückliches und verbittertes Leben.

Damit euer Leben aber gelingt, ist es gut und wichtig, wenn heute euer Herz gestärkt wird mit dem Segen Gottes. Möge es euer Leben lang offen sein, damit Gott darin wohnen kann. Er will, dass ihr die Tür eures Herzens öffnet und weitet. Und zugleich will er euer Herz mit seinem Segen festigen und stärken.

LIED   Ich singe dir mit Herz und Mund (EG 324,1–4.10.13)

Konfirmation

REDE AN DIE KONFIRMANDINNEN UND KONFIRMANDEN

Ihr werdet jetzt konfirmiert, was soviel bedeutet wie gestärkt und ermutigt zu werden. Als Mitglied des Kirchenvorstandes will ich euch ermutigen, euren Lebensweg unter dem Segen Gottes zu gehen und euer Herz zu öffnen für die göttlichen Segenskräfte. Als Kirchenvorsteher sage ich euch im Auftrag der Kirchengemeinde zu, dass wir euch stärken wollen, mit uns allen für Gottes Welt einzustehen, euch für den Frieden, die Gerechtigkeit und die Bewahrung der Schöpfung einzusetzen. Wir wollen euch Mut machen, kritisch zu hinterfragen, was ihr zu hören, lesen und sehen bekommt. Lasst euch nicht vom äußeren Schein blenden und seht euch die Dinge mit den Augen des Herzens an. Wir wollen euch auch ermutigen zu Begegnungen mit ganz unterschiedlichen Menschen, solchen, die dazugehören, und auch mit solchen, die für uns eher „draußen" sind. Verschließt nicht eure Herzen vor ihnen, denn ihr werdet dazu gebraucht, zu ihnen eine Brücke zu bauen. Auch dazu konfirmieren wir euch am heutigen Tage.

KONFIRMATIONSFRAGEN

Ihr habt gehört, dass Gott in eurem Herzen wohnen euch begleiten will auf eurem Lebensweg. So frage ich euch: Wollt ihr im Vertrauen auf die Liebe Gottes eure Herzen weit machen für die Wunder des Lebens und die Nöte des Nächsten?
Wenn ihr das wollt, dann antwortet:
„Ja, mit Gottes Hilfe."

Konfirmandinnen und Konfirmanden antworten: „Ja, mit Gottes Hilfe."

FRAGE AN DIE ELTERN UND GEMEINDE

Liebe Eltern und Großeltern, liebe Gemeinde,
Diese 15 Jugendliche wollen konfirmiert werden. Sie werden ihre Wege ins Erwachsenenleben gehen, ihre eigenen Entscheidungen treffen. Wollt ihr diesen jungen Menschen von Herzen zugeneigt sein und sie begleiten auf ihrem Weg, ihnen Hilfe und Unterstützung bieten und euch dabei von der Liebe Gottes leiten lassen?
So antwortet: „Ja, mit Gottes Hilfe."

Die Gemeinde antwortet: „Ja, mit Gottes Hilfe."

GLAUBENSBEKENNTNIS

LIED   Herz und Herz vereint zusammen (EG 251,1–3.7)

EINSEGNUNG

Gott Vater, Sohn und Heiliger Geist gebe dir seine Gnade,
Schutz und Schirm vor allem Argen,
Stärke und Hilfe zu allem Guten,
dass du bewahrt wirst zum ewigen Leben.
Friede sei mit dir!

ANSCHLIESSEND WIRD DIE KONFIRMATIONSURKUNDE ÜBERGEBEN UND DAS KONFIRMATIONSKREUZ UMGEHÄNGT; WOBEI ZWEI MITGLIEDER DES KIRCHENVORSTANDES HELFEN

GEBET ZUR EINSEGNUNG

Keiner kann von sich aus sein Leben dem christlichen Glauben gemäß leben.
Wir brauchen dazu den Segen Gottes.
Deshalb lasst uns nun für unsere Konfirmandinnen und Konfirmanden beten:
Wir bitten dich, Herr unser Gott,
für diese Mädchen und Jungen
am Anfang ihres Weges in ein selbstverantwortetes Leben:
Stärke ihre Herzen und Sinne durch deinen Segen,
dass sie erkennen, was gut ist für sie selbst und andere,
was weiterhilft und dem Leben dient.
Gib ihnen Mut, dass sie beherzt der Spur Jesu folgen.
Wenn sie irren und fallen oder wenn ihr Herz schwer wird,
dann lass sie Verständnis und Hilfe finden,
Einsicht und eine neue Hoffnung.
Dir vertrauen wir sie an, Gott Vater, der uns beschützt,
Jesus Christus, der uns befreit,
Heiliger Geist, der uns zur Wahrheit leitet.
Amen.

LIED   Nun lob, mein Seel, den Herren (EG 289,1–2.5)

Gebet und Segen

FÜRBITTEN

Herr, unser Gott, du bist das Licht,
das in unseren Herzen brennt
und uns innerlich erleuchtet.

Wir bitten dich für die Jungen und Mädchen,
die wir heute konfirmiert haben
um ein weites Herz,
das sich deinem Wort
und Gebot öffnet.

Wir rufen: Herr, erhöre uns.

Wir bitten dich für sie
um ein weiches Herz,
das sich den Nöten
des Nächsten nicht verschließt.

Wir rufen: Herr, erhöre uns.

Wir bitten dich für sie
um ein großes Herz,
das voller Verständnis sein kann
und nicht kleinlich aufrechnet.

Wir rufen: Herr, erhöre uns.

Wir bitten dich für sie,
um ein warmes Herz,
das sich einem anderen
in Liebe zuneigen kann.

Wir rufen: Herr, erhöre uns.

Herr, unser Gott, du bist das Licht,
das in unseren Herzen brennt
und uns innerlich erleuchtet.

STILLE

VATERUNSER

LIED   Geh aus, mein Herz, und suche Freud
(EG 503,1.8.13–14)

SEGEN

Gott segne dich und behüte dich,
er mache die Tür deines Herzens weit,
damit er darin wohne.
Er öffne dein Herz,
damit Liebe und Freude darin Platz finden,
aber auch die Not der Welt nicht übersehen wird.
Amen.

AUSZUG DER KONFIRMANDINNEN UND KONFIRMANDEN BEI
ORGELMUSIK

3

Durch Türen gehen im Korridor des Lebens

Goldene Konfirmation zum Symbol der Tür

Eingang

ORGELSPIEL MIT EINZUG DER GOLDENEN KONFIRMANDINNEN UND KONFIRMANDEN

EINSTIMMUNG

Ich begrüße Sie herzlich zum festlichen Gottesdienst anlässlich der Goldenen Konfirmation. Besonders begrüße ich die Jubilare, die ihre Konfirmation vor 50 Jahren hier in dieser Kirche feierten.

Sie sind in den 50 Jahren seit Ihrer Konfirmation so manche Wege gegangen, haben immer wieder neue Türen geöffnet, um neue Abschnitte in Ihrem Leben zu beginnen. Was seitdem alles in Ihrem persönlichen Leben passiert ist und wie viel sich geändert hat in der Welt, in der wir leben, wird deutlich, wenn wir einige Ereignisse vor 50 Jahren in den Blick nehmen[13]:

Einige passende Beispiele benennen aus den Bereichen Musik, Politik, Literatur, Gesellschaft oder auch Sport.

Wie wir gesehen haben, brachten die vergangenen 50 Jahre so manche Veränderung mit sich. Jeder und jede von Ihnen ist bildlich gesprochen durch zahlreiche Türen gegangen, um immer neue Räume zu erkunden. Deshalb soll das Symbol der Tür uns leiten in diesem Gottesdienst und die Lieder, Gebete und Predigt durchziehen wie ein roter Faden.

---

13 Alternativ kann das Gedicht „Stufen" von Hermann Hesse als Hinführung verwendet werden.

LIED   Die güldene Sonne bringt Leben und Wonne (EG 444)

PSALM 24

    Alle:
Machet die Tore weit
und alle Türen in der Welt hoch,
dass Gott wie ein König einziehe.

    Einer:
Warum sollen wir die Türen öffnen,
damit Gott zu uns kommt wie ein König?
Gehört ihm nicht schon die Erde, die er aus dem Chaos
geschaffen hat?
Und sind nicht alle Geschöpfe des Erdkreises das Werk
seiner Hände?

    Alle:
Machet die Tore weit
und alle Türen in der Welt hoch,
dass Gott wie ein König einziehe.

    Einer:
Wer kann die Gegenwart Gottes ertragen,
wenn er zu uns kommt, um bei uns zu wohnen?
Wer für Gerechtigkeit eintritt und nach Frieden trachtet
und sich vergeben lässt, wo er schuldig geworden ist.

    Alle:
Machet die Tore weit
und alle Türen in der Welt hoch,
dass Gott wie ein König einziehe.

    Einer:
Wer Gott die Tore öffnet
und für ihn die Tür seines Herzens weit macht,
der wird Segen empfangen
und seine Gebete werden Gehör finden bei Gott.

Alle:
Darum machet die Tore weit
und alle Türen in der Welt hoch,
dass Gott wie ein König einziehe.

LIEDRUF Hoch tut euch auf, ihr heilgen Tore (EG 294,3)

KYRIE

Unser Leben ist geprägt
von vielen verschiedenen Stationen:
Kindheit und Jugend liegen hinter uns,
aber auch die Zeit, um eine Familie zu gründen,
um einen Beruf zu ergreifen und auszufüllen.
Immer wieder mussten wir Entscheidungen treffen,
mussten überlegen,
ob wir die eine oder die andere Türe
im Korridor unseres Lebens öffnen.
Wir klagen Gott, dass uns manchmal der Mut fehlte,
die richtigen Türen zu öffnen.
Und wir bekennen,
dass wir auch falsche Tore aufgestoßen haben.
Deshalb bitten wir Gott um Erbarmen und singen:

LIEDRUF Herr, erbarme dich (EG 178,11)

GLORIA

Unser Leben ist geprägt
von Übergängen und Veränderungen.
Nur so konnte es werden, wie es heute ist.
Auch wenn unsere Schritte
uns über Umwege führten,
und wir durch Türen in Räume gingen,
die uns Gott nicht näher gebracht haben,
so danken wir ihm,
dass er uns doch am Ende gut geführt hat
und uns zu denen werden ließ,
die wir heute sind.
Darum lasst uns Gott danken und singen:

LIEDRUF Gloria sei dir gesungen (EG 535)

Herr, unser Gott,
wir treten heute vor dich,
um uns an deinen Segen zu erinnern
und um uns erneut segnen zu lassen.
Wir kommen zu dir, wie wir sind
und wie die Jahre uns geprägt haben.
Wir kommen voller Dank,
dass wir in den vergangenen 50 Jahren
an Leib und Seele bewahrt wurden.
Wir kommen aber auch mit unseren Fragen,
Sorgen und Ängsten.
Oder wir sind verbittert,
dass sich manche Tür in unserem Leben
nicht öffnen ließ,
durch die wir gerne gegangen wären
oder dass Türen zugefallen sind
und Beziehungen hart abgeschnitten wurden.
So kommen wir zu dir
und bitten dich, dass du auch zu uns kommst
in dieser Feierstunde und in den Zeiten,
die vor uns liegen.
Amen.

Verkündigung

SCHRIFTLESUNG (Matthäus 6,25–34)

Und Jesus sagte: Sorgt euch nicht um euer Leben, lasst eure Gedanken sich nicht allein darum kreisen, was ihr essen und trinken oder wie ihr euch kleiden werdet. Ist das Leben nicht viel wichtiger als die Nahrung und ist der Leib nicht viel bedeutender als die Kleidung?

Schaut doch auf die Vögel des Himmels: Sie werden von Gott, dem himmlischen Vater, ernährt, ohne dass sie säen oder ernten oder für den Winter vorsorgen. Seid ihr in Gottes Augen nicht viel wichtiger als sie?

Wer kann sein eigenes Leben um eine Spanne verlängern, wie sehr er sich auch sorgt?

Und warum sorgt ihr euch um eure Kleidung? Schaut doch die Lilien an, die auf dem Feld wachsen: Sie arbeiten nicht und spinnen auch nicht ihr Kleid. Und doch war nicht einmal König Salomo – trotz seines Reichtums – so schön gekleidet wie eine von ihnen.

Wenn Gott sogar das Unkraut so schön kleidet, selbst wenn es nur einen Tag steht und am anderen ausgerissen und verbrannt wird, was wird er nicht alles für euch tun, ihr Kleinmütigen?

Sorgt euch deshalb nicht und sprecht nicht in euren Herzen wie die Heiden: Was sollen wir morgen essen und was sollen wir trinken? Oder wie sollen wir uns kleiden?

Denn noch bevor ihr solche Gedanken in euch tragt, weiß Gott, der himmlische Vater, was ihr bedürft.

Lenkt den Lauf eurer Gedanken zuerst auf das Reich Gottes und trachtet nach der göttlichen Gerechtigkeit. Dann werden euch Speise und Kleidung wie von selbst zufallen.

Richtet eure Gedanken nicht voller Sorgen auf den morgigen Tag. Denn es ist genug, wenn sich jeder Tag, der noch kommt, um seine eigene Plage sorgt.

GLAUBENSBEKENNTNIS

LIED   Tut mir auf die schöne Pforte (EG 166)

ANSPRACHE

Die Abschnitte des Lebens sind wie Räume, die nacheinander betreten werden

Liebe Jubilare,
wir sind heute hier, weil wir uns an Ihre Konfirmation vor fünfzig Jahren erinnern. Wir blicken zurück auf Ihre Einsegnung und auf die Lebensabschnitte, die Sie seither durchlebt haben. Viele von Ihnen werden gespannt sein, was aus denen geworden ist, die Sie in den vergangenen Jahren aus den Augen verloren haben. Was ist aus dem einen oder der anderen geworden in dieser langen Zeit?

Jeder von Ihnen hat in seinem Leben eine Reihe von Stationen betreten und verschiedene Lebensabschnitte durchschritten. Und jedes Mal war es, als ob Sie eine Tür geöffnet hätten, um in einen neuen Raum zu gelangen. Und so sind Sie immer wieder von dem einen Abschnitt Ihres Lebens in den nächsten hinüber gegangen. Ich bin davon überzeugt, dass solche Übergänge im Leben nicht etwas Zufälliges sind, sondern in Gottes Augen einen Sinn haben. Deshalb finde ich es wichtig, dass es eine kirchliche Begleitung solcher Wendepunkte gibt. Das war bei Ihrer Taufe so, bei Ihrer Konfirmation, bei den meisten von Ihnen wird auch bei einer kirchlichen Trauung um den Segen Gottes gebeten worden sein. Und heute feiern wir einen Gottesdienst anlässlich der Goldenen Konfirmation in einer Zeit, in der für die meisten von Ihnen der Ruhestand begonnen hat oder auch der des Partners, der Partnerin. Wieder öffnet sich eine Tür, hinter der Sie etwas Neues und noch Unbekanntes erwartet. Da ist es gut, wenn Sie sich auch bei diesem Wendepunkt Ihres Lebens den Segen Gottes zusprechen lassen.

Ich möchte meiner heutigen Ansprache zwei Bibelverse zugrunde legen, die dem Ereignis, das wir heute feiern in besonderer Weise gerecht werden:

Jesus Christus spricht: „Siehe ich stehe vor der Tür und klopfe an. Wenn jemand meine Stimme hören wird und die Tür auftun, zu dem werde ich hineingehen und das Abendmahl mit ihm halten und er mit mir" (Offenbarung 3, 20).

Und Jesus Christus spricht: „Ich bin die Tür; wenn jemand durch mich hineingeht, wird er selig werden" (Johannes 10, 9).

Jede geöffnete Tür im Korridor des Lebens ist ein Schritt auf dem Weg zu Gott

Im Korridor Ihres Lebens sind Sie durch zahlreiche Türen gegangen und immer wieder mussten Sie entscheiden, durch welche der vielen möglichen Türen Sie gehen sollten. Die Tür ist wie ein Bild für Ihren Lebensweg mit seinen zahlreichen Wendepunkten. Wenn Jesus Christus von sich spricht: „Ich bin die Tür", dann spitzt er dieses Bild noch zu. Die Türen, die wir auf unserem Lebensweg durchschreiten, sind immer auch ein Schritt auf unserem Weg zu Gott. Denn bei jedem Wendepunkt des Lebens wird uns deutlich, wie wenig wir das Gelingen des neuen Abschnitts selbst in Händen halten und wie sehr wir darauf angewiesen sind, von Gott gesegnet zu werden. Wer also bei jeder Tür, die er öffnet, sein Vertrauen auf Gott setzt, der wird gesegnet sein und er wird hinter diesen Türen Jesus Christus finden, der von sich sagt, er stehe vor der Tür und klopfe an.

Gottes verborgenes Handeln zeigt sich an den Türen, die sich öffnen ließen oder verschlossen blieben

Wenn Sie heute an die Zeit vor fünfzig Jahren denken, an Ihre Konfirmation, dann fallen Ihnen vielleicht noch Ihre Träume ein, die Sie damals hegten oder Ihre Vorstellungen vom Leben. Vor 50 Jahren befanden Sie sich sicherlich in einer Aufbruchstimmung, hatten Pläne und waren voller Selbstbewusstsein. Die Trümmer des großen Krieges und die Schrecken des Nationalsozialismus waren in den Hintergrund getreten. In den fünfziger Jahren begann der große Aufschwung, der aber nicht nur die Wirtschaft beflügelte, sondern auch zum Lebensgefühl beitrug, das Sie damals prägte.

Es war gut damals, dass Sie mitten in Ihre Aufbruchstimmung hinein vor 50 Jahren den Konfirmationssegen zugesprochen bekamen. Er war sichtbarer Ausdruck dafür, dass Gott bei Ihnen war, als Sie die wichtigen Entscheidungen trafen, die Ihr Leben geprägt haben. Auch wenn Ihnen das nicht immer bewusst war, hat Gott doch im Verborgenen im Leben eines jeden von Ihnen gewirkt, hat dazu beigetragen, dass sich Türen öffneten oder verschlossen blieben.

Als von Gott Gesegnete sind Sie nach Ihrer Konfirmation aufgebrochen in das selbstbestimmte Leben, haben einen Beruf erlernt oder Abitur gemacht und anschließend studiert. Sie haben dann Ihren Beruf ergriffen, Sie haben einen Partner oder eine Partnerin kennen gelernt oder haben sich dafür entschieden, allein zu bleiben. Und jede dieser Entscheidungen war, als ob Sie eine Pforte öffneten, hinter der sich neue Räume erschlossen und an deren Ende sich wieder verschiedene Türen auftaten, zwischen denen dann wieder neu gewählt werden musste.

Aus Ihrer heutigen Sicht, werden viele von Ihnen stolz sein, auf das, was Sie im Leben erreicht haben. Und das sind Sie zurecht, denn Sie haben die verschiedenen Türen öffnen und die neuen Räume durchschreiten müssen, die sich zu Ihrem bisherigen Lebensweg zusammenfügten. Und doch wird an einem Tag wie diesem deutlich, dass es nicht allein in unserer Hand liegt, ob ein Leben gelingt und ob das Potential, das in einem jungen Menschen steckt, sich auch entwickeln kann. Ganz im Verborgenen und auf geheimnisvolle Weise hat Gott Sie geführt, hat die eine Tür aufgehen lassen, an die Sie geklopft haben und hat andere verschlossen gehalten. Und so sind Sie heute hier, weil Sie dankbar sind, dass Sie in Ihrem Leben geleitet wurden, auch wenn vielleicht die eine oder andere Tür verschlossen geblieben ist, die Sie gerne geöffnet hätten.

Das Erschließen neuer Räume im Ruhestand

Und zugleich sind Sie in diesen Gottesdienst gekommen, weil Sie nach vorne auf die nächsten Jahre und Jahrzehnte schauen. Sie sind sich bewusst, dass Sie in einem Alter sind, in dem sich neue Räume auftun. Wir machen heute symbolisch gesprochen eine neue Tür auf, hinter der der eigene Ruhestand oder der gemeinsame Ruhestand mit Ihrem Partner oder Ihrer Partnerin liegen mag. Die beruflichen Herausforderungen haben Sie bestanden, aber es kommen neue Aufgaben auf Sie zu. Wie werden Sie die Zeit, die Ihnen noch bleibt, gestalten? Vielleicht erfüllen Sie sich einen lang gehegten Traum, reisen um die Welt oder studieren endlich als Senior oder Seniorin das Fach, das Sie schon vor Jahren gern erforscht hätten, wenn sich damals nur die entsprechenden Türen geöffnet hätten. Vielleicht nutzen Sie die neu gewonnenen Freiräume, um den Kontakt mit den alten Freunden zu intensivieren oder wieder neu zu knüpfen. Oder Sie werden ganz dringend gebraucht, um die Enkelkinder zu betreuen oder ehrenamtlich zu arbeiten. Wie auch immer Sie die Jahre verbringen, die vor Ihnen liegen, es ist gut, wenn Sie sich mit dem Segen Gottes auf den Weg machen.

Die Verheißung des Glaubens am Ende des Lebensweges

Bei der heutigen Feier der Goldenen Konfirmation blicken wir aber nicht nur auf die nahe gelegene Zukunft, in der Sie noch voller Kraft und Tatendrang das Neue in die Hand nehmen mögen. Wir blicken auch in die ferne Zukunft, die Ihnen Unbekanntes bringen wird und vor der Sie vielleicht Angst haben. Wir brauchen an diesem Freudentag nicht die Augen davor zu verschließen, dass zu den neuen Räumen, die sich uns in den nächsten Jahren und Jahrzehnten auftun werden, auch der des Alters und schließlich der des Sterbens gehört. Denn gerade für diesen letzten Lebensübergang ist uns die Verheißung geschenkt, dass wir ihn nicht allein gehen müssen, wenn Jesus Christus spricht: „Siehe ich stehe vor der Tür und klopfe an. Wer meine Stimme hören wird und die Tür auftun, zu dem werde ich hineingehen und das Abendmahl mit ihm halten und er mit mir". Und so können Sie heute getrost über die Schwelle treten und einen neuen Raum beschreiten.

LIED   Jesu, geh voran auf der Lebensbahn (EG 391)

Einsegnung und Gebet

GEBET

Gott, du bist zu uns wie ein Vater
und du tröstest uns wie eine Mutter.
Wir danken dir, dass du die goldenen Konfirmandinnen
und Konfirmanden begleitet hast
auf ihrem Lebensweg mit deinem Segen.
Du hast ihre Herzen bewegt und ihre Schritte gelenkt,
du hast Türen geöffnet oder verschlossen,
dass sie auf rechtem Wege geführt wurden.
Wir bitten dich für sie, dass du sie weiterhin segnest
und sie zum Segen werden lässt für andere Menschen
in der Nähe und in der Ferne.
Und lass die Türe ihres Herzens
offen werden für deine Gegenwart,
damit sie dereinst eingehen in die ewige Herrlichkeit.
Amen.

SEGNUNG DER GOLDENEN KONFIRMANDINNEN
UND KONFIRMANDEN

> Es segne dich der barmherzige Gott,
> der mit dir war, mit dir ist und mit dir sein wird,
> welche Türen sich auch vor dir auftun.
> Er führe deine Schritte auf rechter Straße,
> damit du bewahrt wirst zum ewigen Leben.

LIED   Bewahre uns, Gott, behüte uns, Gott (EG 171)

FÜRBITTEN

> Lasst uns bitten für Gottes Begleitung
> auf den Wegen durch das Leben,
> dass er uns leite Tag für Tag,
> gerade auch in den schweren Zeiten
> und auf den dunklen Wegen:
> Herr, erbarme dich!

> Lasst uns bitten für die Männer und Frauen,
> die sich heute an ihre Konfirmation vor 50 Jahren
> erinnern,
> dass Gott ihre Augen und Herzen weit mache,
> damit sie seine Spuren erkennen,
> die er in ihrem Leben gezogen hat:
> Herr, erbarme dich!

> Lasst uns für die Menschen bitten,
> die uns begleiten auf unseren Wegen,
> unsere Eltern, Partner, Kinder und Enkel,
> aber auch unsere Freunde und Nachbarn,
> dass Gott ihnen beistehe:
> Herr erbarme dich!

> Lasst uns bitten für die Verstorbenen,
> die uns aus unserer Mitte genommen wurden
> und die den heutigen Freudentag nicht miterleben
> können,

dass sie in Gottes Haus bewahrt sind
und dass die Angehörigen getröstet werden:
Herr erbarme dich!

Lasst uns bitten für uns alle,
dass wir aufmerken auf Jesus Christus,
der auch vor unserer Türe steht und anklopft,
dass wir seine Stimme nicht überhören
und dass wir unser Herz ihm auftun,
den du uns gesandt hast.
Amen.

Abendmahl

LIED   Komm, sag es allen weiter (EG 225)

LOBGEBET
     Wir preisen dich, Gott,
     der du uns begleitet hast auf den Wegen unseres Lebens,
     du schenkst uns dieses Brot,
     Frucht der Erde und der menschlichen Arbeit.
     Lass es uns zum Brot des Lebens werden.

     Wir preisen dich, Gott,
     der du uns begleitet hast auf den Wegen unseres Lebens,
     du schenkst uns diesen Wein,
     Frucht des Weinstocks und der menschlichen Arbeit.
     Lass ihn uns zum Kelch des Heils werden.

     Darum preisen wir dich zusammen mit allen Glaubenden
     und stimmen ein in den Lobgesang der Engel:

LIEDRUF Heilig, heilig, heilig ist der Herr Zebaoth (EG 185,3)

SAMMLUNGSGEBET
> Wie die Körner von den Feldern
> und die Weintrauben auf deinem Tisch
> versammelt sind in Brot und Wein,
> so lass auch uns dereinst vereinigt werden in deinem Reich.
> Amen.

EINSETZUNGSWORTE

VATERUNSER

AGNUS DEI (EG 190,2)

FRIEDENSGRUSS

AUSTEILUNG

DANKGEBET
> Herr Jesus Christus,
> du hast uns verheißen, dass du zu uns kommen willst,
> um mit uns das Abendmahl zu halten.
> Wir danken dir,
> dass du gegenwärtig bist,
> wann immer wir an deinem Tisch zusammen kommen,
> um mit dem Brot zum Leben gestärkt
> und durch den Kelch zum Heil geleitet zu werden.
> Amen.

Segen

KANON Ausgang und Eingang, Anfang und Ende (EG 175)

SEGEN
> Es segne dich der allmächtige Gott,
> dass er dich leite auf guten Wegen,
> dass die richtigen Türen vor dir geöffnet sind
> und die falschen verschlossen.
> Er öffne die Türe deines Herzens,
> damit er darin wohnen kann,
> heute und morgen und bis in Ewigkeit.
> Amen.

4 „Von allen Seiten umgibst du mich und hältst deine Hand über mir"

Taufgottesdienst zum Symbol der Hand

Eingang

MUSIK

BEGRÜSSUNG

LIED   Zieh ein zu deinen Toren (EG 133,1.8)

PSALM 139

Einer:
Ach Gott, du sieht mein Herz.
Du kennst mich.

Alle:
Wie schön, dass du mir nahe bist
und ich geborgen bin in dir.
Du sieht meine Sorge und Angst.

Einer:
Du siehst alle meine Fluchtwege,
du hörst alle meine Ausflüchte,
mit denen ich mein Herz verbergen will.

Alle:
Du siehst mich,
wenn ich träume von großen Dingen,
die ich tun will,
und wenn ich versage,
statt das Notwendige zu tun.

Einer:
Keinen Schritt, den ich gehe,
den du nicht begleitest.
Kein Wort, das ich spreche,
das du nicht hörst, ehe es laut wird.

Alle:
Wie in zwei großen Händen hältst du mich.
Ich bin geborgen wie ein Vogel im Nest.
Ach Gott, du sieht mein Herz.
Du kennst mich.

Einer:
Wie schön, dass du mir nahe bist
und ich geborgen bin in dir.

GEBET

Gott, du Quelle allen Lebens,
wir sind heute in dein Haus gekommen
mit der Bitte um deinen Segen
für das Leben von N. N.,
den wir taufen.
Umfange ihn von allen Seiten
und halte deine Hand schützend über ihm.
Lass ihn nicht aus deiner Hand fallen,
was auch immer geschieht.
Amen.

Taufe

LIED   Gib uns Frieden jeden Tag (EG 425)

LESUNG (Matthäus 3,13–17)
Damals kam Jesus aus Galiläa an den Jordan zu Johannes,
um sich von ihm taufen zu lassen.
Johannes aber weigerte sich und sprach zu Jesus:
„Eigentlich müsste ich von dir getauft werden,
weshalb kommst du nun zu mir?"

Da antwortete Jesus und sprach zu ihm:
„Lass es geschehen. Denn wir alle müssen
den Willen Gottes erfüllen."
Da ließ es Johannes geschehen.
Und als Jesus getauft ward
und aus dem Wasser stieg,
da öffnete sich ihm der Himmel
und er sah den Geist Gottes
wie eine Taube auf ihn herabfahren,
so dass er von ihm erfüllt wurde.
Und eine himmlische Stimme sprach zu ihm:
„Dies ist mein Sohn, den ich liebe
und an dem ich mich freue."

TAUFFRAGE

Liebe Eltern und liebe Paten,
wollt ihr, dass N. N. getauft wird
und Gott ihn mit seinen Händen beschützt und
bewahrt?
Und wollt ihr ihm durch Wort und Beispiel helfen,
seine kleine Hand vertrauensvoll in Gottes große Hand
zu legen?
So antwortet: Ja, mit Gottes Hilfe.

Eltern und Paten antworten: Ja, mit Gottes Hilfe.

GLAUBENSBEKENNTNIS

TAUFE

ÜBERGABE DER TAUFKERZE

SEGEN FÜR DIE TAUFFAMILIE

Gott segne dich und behüte dich,
er halte dich in seiner Hand,
wohin dich auch deine Schritte führen.
Gott segne dich und behüte dich,
damit du aufstehen kannst,
wenn du einmal fällst.

Gott segne dich und behüte dich,
er stärke deine Hände,
damit sie Gutes tun
für die Menschen in der Nähe
und in der Ferne.
Amen.

LIED   Segne dieses Kind und hilf uns, ihm zu helfen
(EG 574[14])

Verkündigung

ANSPRACHE

*Gottes Liebesgeschichte für den Täufling reicht zurück bis in die Zeit
vor seiner Geburt*

Wir haben den kleinen N. N. getauft und haben dadurch deutlich gemacht, dass Gott ihn liebt und für ihn da ist. Gottes Liebesgeschichte beginnt aber nicht erst heute. Er hielt den kleinen N. N. schon lange vor dem heutigen Tauftag in seiner Hand. Gott hat ihn ins Leben geführt und seine Finger haben ihn im Mutterleib gebildet und wunderbar gemacht. Seine Hand hat ihn seither bewahrt und vor der Gefahr beschützt in jeder Nacht und an jedem Tag.

Mit der heutigen Taufe verbindet sich die Dankbarkeit der Eltern, dass ihnen Gott ein gesundes und munteres Kind geschenkt und es bis hierher bewahrt hat. Neben der Dankbarkeit verbindet sich mit der Taufe auch die Hoffnung, dass Gott den kleinen N. N. auf seinen weiteren Wegen umgibt und seine Hand über ihm hält, wohin er auch geht. Gottes Hand wird ihn nicht vor allem bewahren. Auch N. N. wird Zeiten der Trauer durchschreiten, er wird auf seinem Weg fallen und Schmerzen aushalten müssen. Aber auch in diesen Zeiten wird Gott ihn in seiner Hand halten, aus der ihn nichts und niemand reißen kann.

14 Alternativ kann EG 203,1–4 gesungen werden.

Gottes Hand als Symbol für Schutz und Geborgenheit

Dass Gott seine Hand über N. N. halte, ist der Wunsch seiner Eltern, die ihm deshalb seinen Taufspruch aus Psalm 139 ausgesucht haben: „Von allen Seiten umgibst du mich und hältst deine Hand über mir". Ihnen ist klar, dass N. N. nicht vor jedem Schmerz und jedem Leid bewahrt wird. Aber wenn Gott seine Hand über ihm hält in einer Segensgeste, dann bedeutet das, dass auch die Zeit der Trauer für ihn zum Segen werden wird und ihn reifen lässt. Und auch der Schmerz und jeder Fall auf seinem Weg wird nicht sinnlos sein, sondern vom Ende her gesehen hilfreich gewesen sein für den Prozess der Reifung und der Herzensbildung.

„Von allen Seiten umgibst du mich und hältst deine Hand über mir". Es ist ein starkes Bild, dass Gott einen Menschen von allen Seiten umgibt und seine Hand über ihm hält. Denn eine Hand kann Nähe schenken, sie kann zärtlich sein. Mit einer Hand können wir helfen und einen zu Boden Gestürzten aufrichten.

Eine Hand ist ein Bild für die Geborgenheit, die Eltern ihren Kindern schenken können. Ein Kind sucht die Hand des Vaters oder der Mutter, wenn es mit seinen Füßen unsicheren Boden betritt oder wenn es auf einmal Angst bekommt. Die große Hand, in die es seine kleinen Finger legt, nimmt die Unsicherheit und vermittelt Geborgenheit. Wir bitten heute mit der Taufhandlung Gott darum, dass er seine Hand über den kleinen N. N. halten möge, wohin ihn seine Füße auch tragen. Wie er bald die Hand der Eltern ergreifen wird, wenn er Halt sucht, so kann er immer die ausgestreckte Hand Gottes fassen und sich an ihn wenden, um wieder sicheren Tritt zu finden.

Gottes Segen mit den eigenen Händen weitergeben

Ganz sachte und behutsam möge Gott die Schritte leiten, die sich zum Lebensweg von N. N. zusammenfügen werden. Wenn Gott seine Hand über ihm hält, dann ist das ja etwas anderes, als ob er ihn bei der Hand nimmt und führt. N. N. soll seinen Weg selbständig suchen und sein Leben lang auf der Suche bleiben nach der rechten Straße. Aber Gottes Hand möge bei ihm sein und ihn bei seiner Suche unterstützen, bis sein Leben einst ganz Gottes Händen anvertraut werden wird.

Zum Schluss wünsche ich N. N., dass Gottes Hand ihm hilfreich zur Seite stehen möge, damit er seine eigenen Hände zum Segen gebrauchen kann. Gott möge seine Hände stärken, um sein Leben zu gestalten oder etwas aufzubauen. Dann werden diese Hände zu Gottes Werkzeugen, mit denen er in dieser Welt wirkt.

LIED   Ich steh in meines Herren Hand (EG 374,1–2.5)

Gebet und Segen

FÜRBITTEN

Herr, unser Gott,
du bist uns nahe mit deiner segnenden Hand
und willst, dass durch unsere Hände
auch andere gesegnet werden.
Wir danken dir, dass du uns stets in deiner Hand hältst
und uns auf der Straße des Lebens leitest.

Wir bitten dich für N. N.,
den wir heute in deinem Namen getauft haben,
sei du ihm nahe auf seinem Lebensweg,
wie wir es nicht sein können.

Wir bitten dich für die Eltern und Großeltern von N. N.,
dass sie ihn voller Liebe an der Hand nehmen,
ihm aber auch Grenzen aufzeigen,
damit er in die Selbständigkeit
und Eigenverantwortlichkeit geführt wird.

Wir bitten dich für die Paten von N. N.,
dass sie ihm helfen, an Gott zu glauben,
der ihn von allen Seiten umgibt
und seine Hand segnend über ihm hält.

Wir bitten dich für alle Kinder,
die wir in unserer Gemeinde getauft haben und taufen.
Halte sie in deinen Händen,
dass sie nicht abirren von den Wegen
der Liebe und der Verantwortung.

STILLE

VATERUNSER

LIED   Er hält die ganze Welt in seiner Hand (EG 619[15])

SEGEN

Der barmherzige Gott sei mit dir,
wohin du auch gehst.
Er halte seine Hände segnend über dir,
dass deine Füße nicht straucheln.
Er halte dich in seiner Hand
und umfange dich mit dem
Mantel seiner Liebe.
Amen.

MUSIK

---

15 Nur im Regionalteil der Ev. Kirchen in Hessen-Nassau und Kurhessen-Waldeck vorhanden. Alternativ kann auch EG 445,1.5–6 gesungen werden.

5

Gottes Spuren suchen und entdecken

Taufgottesdienst zum Symbol der Spurensuche

Eingang

MUSIK

LIED   Gottes Liebe ist wie die Sonne (EG 620[16])

BEGRÜSSUNG UND EINFÜHRUNG IN DAS THEMA

„So spricht der Herr, dein Erlöser, der Heilige Israels: Ich bin der Herr, dein Gott, der dich lehrt, was dir hilft, und dich leitet auf dem Wege, den du gehst." Dieser Bibelvers aus Jesaja 48, den die Eltern des Täuflings als Taufspruch ausgewählt haben, beinhaltet ein großes Versprechen: Gott will ihn auf seinem Lebensweg begleiten. Er will ihn unterweisen, ihm helfen und bei ihm sein auf den Wegen, die seine Füße gehen.

Und doch wird es Zeiten geben, in denen sich die Eltern und Großeltern, aber auch N. N. selbst fragen werden, was denn aus dieser Zusage geworden ist und wo sich Gottes Spuren finden lassen im Leben unseres Täuflings. Deshalb habe ich eine Lupe mitgebracht, mit der wir uns wie ein Detektiv in dieser Stunde auf die Suche machen nach den Spuren Gottes.

LIED   Morgenlicht leuchtet, rein wie am Anfang (EG 455)

---

16 Alternativ kann auch EG 445, 1–2.5 gesungen werden.

Psalm 23

Gott sorgt für mich wie ein guter Hirte,
niemals bin ich verlassen.
Gott befreit mich von der Lebensangst
und erlaubt mir ein Dasein ohne Hast.
Er stärkt meine Seele und zeigt mir den guten Weg.
Er will für mich Gott sein.
Auch in dunklen Zeiten habe ich keine Angst vor
dem Letzten,
denn du, Gott, bist bei mir,
deine Gegenwart und dein Geleit geben mir Schutz.
Du lässt mich teilhaben an der Fülle des Lebens,
obwohl es Gründe gibt, verzweifelt zu sein.
In den dunklen Stunden bist du mir nahe und
tröstest mich.
Du empfängst mich zärtlich
und nimmst mich überschwänglich auf.
Ich lebe im Vertrauen auf deine Güte und dein
Erbarmen
und setze meine Hoffnung auf dich.
Gott sorgt für mich wie ein guter Hirte,
niemals bin ich verlassen.

Gebet

Herr, unser Gott,
wir treten heute vor dein Angesicht,
um ein Kind in deinem Namen zu taufen
und es damit in die Gemeinschaft derer aufzunehmen,
die an dich glauben.
Wir bitten dich, dass du dieses Kind in Liebe annimmst,
in seinem Leben Kreise ziehst
und deine Segensspuren hinterlässt.
Begleite dieses Kind,
segne es und lass es zum Segen werden
für Menschen in der Nähe und in der Ferne.
Amen.

TAUFEVANGELIUM (Markus 10, 13–16)

Und sie brachten Kinder zu Jesus,
damit er sie mit seinen Händen segne.
Doch die Jünger hinderten die Kinder daran,
zu Jesus zu kommen und machten ihnen Vorwürfe.
Als aber Jesus das sah,
wurde er ärgerlich und sprach zu ihnen:
Lasst die Kinder zu mir kommen
und verstellt ihnen nicht ihren Weg,
denn das Königreich Gottes gehört denen, die wie Kinder sind.
Wahrlich, ich sage euch,
wer das Königreich Gottes nicht empfängt
wie ein solches Kind, der wird es nicht sehen.
Und Jesus umarmte die Kinder
und lege ihnen die Hände auf und segnete sie.

TAUFFRAGE

Liebe Eltern und liebe Paten,
wollt ihr, dass N. N. in der Taufe den Segen Gottes empfängt?
Und wollt ihr ihm auf seinem Lebensweg helfen,
an Gott zu glauben und die Menschen zu lieben?
So antwortet: Ja, mit Gottes Hilfe.

Eltern und Paten antworten: Ja, mit Gottes Hilfe.

GLAUBENSBEKENNTNIS

TAUFE

SEGEN FÜR DIE TAUFFAMILIE

Gott sei mit dir auf allen deinen Wegen.
Auch wenn du ihn nicht siehst,
hinterlasse er seine Spuren in deinem Leben.
So segne dich Gott, der Vater,
der dich in Liebe geschaffen hat.
Es segne dich der Sohn,

der dich befreit, wenn du strauchelst.
Und es segne dich der gute Geist,
der mit dir ist, wohin du auch gehst.
Amen.

LIED   Gott, der du alles Leben schufst (EG 211)

Verkündigung

LESUNG (1. Könige 19,1–13)

Als der Königin Isebel angesagt worden war, dass Elia
alle ihre Baals-Propheten mit dem Schwert umgebracht
hatte, da sandte sie einen Boten zu ihm und ließ ihm
sagen: „Die Götter sollen mir dies und das tun, wenn ich
nicht an dir vergelte, was du diesen getan hast!"

Da erschrak Elia zu Tode, brach sofort auf, um sein
Leben zu retten und kam nach Beerscheba im Südreich.
Dort ließ er seinen Diener zurück und ging allein weiter
bis in die Wüste. Dann setzte er sich unter einen Strauch
und wünschte zu sterben. Und er rief zu Gott in seiner
Not: „Nimm nun, Herr, meine Seele, ich will sterben!"

Und vor Erschöpfung legte er sich hin und schlief ein.
Da kam ein Engel und rührte ihn an und sprach: „Steh
auf und iss!" Als Elia aufstand, sah er ein geröstetes Brot
und einen Krug mit Wasser. Da aß und trank er und
legte sich erneut schlafen. Da kam der Engel Gottes wieder und rührte ihn an und sprach: „Steh auf und iss!
Denn du hast einen weiten Weg vor dir." Da stand Elia
auf und aß und trank und ging so gestärkt vierzig Tage
und vierzig Nächte bis zum Berg Gottes, dem Horeb.
Und als er dort in einer Höhle übernachtete, da sprach
Gott zu ihm: „Was machst du hier, Elia?"

Da entgegnete Elia empört: „Ich habe für dich gewü-
tet, als Israel deinen Bund verlassen und deine Altäre zer-
brochen hatte. Als deine Propheten getötet wurden, bin
ich allein übrig geblieben, doch nun trachten sie danach,
dass sie auch mir mein Leben rauben."

Da sprach Gott zu Elia: „Geh heraus aus der Höhle und steige auf den Berg! Dort werde ich vor dir vorübergehen." Und sofort kam ein starker Sturm, der die Berge zerriss und die Felsen zerbrach, aber Gott war nicht im Sturm. Danach kam ein Erdbeben, aber Gott war nicht im Erdbeben. Und nach dem Erdbeben kam ein Feuer, aber Gott war auch nicht im Feuer. Doch dann kam ein stilles, sanftes Sausen. Als das Elia hörte, verhüllte er sein Antlitz mit seinem Mantel und ging hinaus und trat in den Eingang der Höhle, denn Gott war in der Stille.

ANSPRACHE

Gottes Spuren im Leben entdecken
Wir sind heute hier, weil wir ein kleines Kind getauft haben und ihm und allen, die es lieben, damit zusagen wollen: Gott ist bei diesem Kind, wohin auch immer seine Schritte es führen werden. Dies kommt auch gerade im Taufspruch zum Ausdruck, in dem davon die Rede ist, dass Gott auf allen seinen Wegen bei dem Täufling sein will, dass er ihn lehren und ihm helfen will, wenn er Hilfe braucht: „So spricht der Herr, dein Erlöser, der Heilige Israels: Ich bin der Herr, dein Gott, der dich lehrt, was dir hilft, und dich leitet auf dem Wege, den du gehst" (Jes 48,17).

Gott will also seine Spuren hinterlassen im Leben von N. N. Ich wünsche ihm, dass er diese Spuren immer wieder entdeckt und sie wie durch ein Vergrößerungsglas sehen kann, so wie sie Elia entdeckte bei seiner Flucht vor der Königin Isebel und seiner Wanderung zum Berg Horeb. In dieser Erzählung finden sich Aspekte, die für die Suche nach den Spuren Gottes in unserem Leben von Bedeutung sein können:

Die Geschichte von Elia als Beispiel für die Verborgenheit der göttlichen Spuren
Elia flieht in Todesangst aus seiner Heimat, er fühlt sich allein und verlassen und überträgt seine Ohnmachtsgefühle auf Gott, dem er in diesem Moment genauso wenig zutraut, wie sich selbst. Und so kann er die göttlichen Spuren nicht wahrnehmen, die doch unverkennbar vorhanden waren. Seine Krise wird für ihn zur Glaubenskrise, in der er Gottes Spuren nur übersehen kann.

Später, nachdem er sich auf den Weg zum Gottesberg gemacht hatte, erkennt Elia, dass Gott eher in dem unspektakulären leisen Säuseln verborgen ist, als in den gewaltigen Naturereignissen. Elia lernt so verstehen, dass Gottes Spuren gar zu leicht übersehen werden, weil sie mit Wundern oder großen und spektakulären Ereignissen verwechselt werden.

Elia fühlt sich von Gott und Menschen verlassen
Aber gehen wir doch der Eliageschichte im Einzelnen nach: Elia war ein strenger Prophet, der die Einzigartigkeit Gottes verkündigte und alle verurteilte, die neben dem einen Gott noch andere Götter verehrten. Höhepunkt seines Wirkens war die Götterwette auf dem Berg Karmel, als er eindrucksvoll die Ohnmacht des Gottes Baal beweisen und zugleich die Kraft des einzigen Gottes zeigen konnte. Aber wie das so häufig ist nach den großen Höhepunkten des Lebens, fiel Elia wenig später in ein tiefes Loch, fühlte sich ausgebrannt und verbraucht. Der mutige Prophet geriet in Panik, als er davon hörte, dass die Königin Isebel ihm nach dem Leben trachtete. Eben noch hatte Elia einer ganzen Horde ihrer Baalspriester mutig getrotzt, jetzt ließ ihn diese Nachricht erzittern wie Espenlaub. Eben noch hatte Elia die Wirksamkeit Gottes bewiesen, da kamen ihm tiefe Zweifel daran, ob Gott seine Hand weiterhin schützend über ihm hält. Ausgebrannt, wie Elia nun einmal war, zog es ihn in die leblose Wüste. Die dortige Ödnis war wie ein Spiegel seiner Seele. Er fühlte sich voller Leblosigkeit, am liebsten wollte er nur noch schlafen oder – besser noch – sterben. Er legte sich hin und schlief ein, so wie wir Menschen das häufig tun, wenn wir uns in den Tretmühlen des Alltags immer mehr verbraucht haben.

Gott lässt Elia in seiner Not nicht allein
Doch Gott ließ Elia nicht allein, er sandte einen Engel zu ihm, der ihm Brot und Wasser brachte. Brot und Wasser – Zeichen für alles, was wir zum Leben brauchen, weshalb wir ja den kleinen N. N. vorhin mit Wasser getauft haben. Der Engel, der Brot und Wasser gebracht hatte, sprach zu Elia: „Steh auf und iss!" Und Elia tat, wie ihm geheißen, aß das Brot und trank das Wasser und legte sich wieder hin und schlief ein. Und Gott ließ ihn gewähren und sorgte dafür, dass er in der Wüste zu Essen und zu Trinken

bekam und dass ein Engel ihm beistand, als er kaum mehr eigene Entscheidungen treffen mochte. Gott hatte nicht aufgehört, seine Spuren zu ziehen im Leben seines Propheten.

Ein zweites Mal kam der Engel, brachte wieder Brot und Wasser und sprach: „Steh auf und iss, denn du hast noch einen weiten Weg vor dir!" Nachdem der Schlaf seinen Dienst erwiesen hatte an Elia und Speise und Trank seinen Leib gestärkt hatten, gelang es dem Boten Gottes, Elia aus seinem Loch zu befreien und ihm wieder eine Perspektive zu geben: „Gott hat etwas vor mit Dir in deinem Leben! Dein Weg ist noch nicht zu Ende!" Auch N. N. wünsche ich immer wieder einen solchen Engel, einen Boten Gottes, die ihn in Krisen- oder Krankheitszeiten an die Hand nimmt, und der ihm hilft, wieder neue Perspektiven zu gewinnen. Möge er in seinen Eltern, seinen Großeltern, seinen Paten vielleicht auch später in Lehrern, Lehrerinnen und Pfarrern, Pfarrerinnen Engel sehen, mit deren Hilfe Gott seine Spuren in seinem Leben zieht.

Elia lernt Gottes Wesen neu kennen
Nachdem sich Elia durch den Schlaf und das Essen gestärkt hatte, konnte er den Weg gehen, den ihm der Engel gewiesen hatte. Auf einmal hatte er wieder Kraft, vierzig Tagen und vierzig Nächte durch die Wüste zu laufen. Es scheint, als habe sich der strenge Prophet auf den Weg gemacht, Gott neu zu suchen – ausgerechnet jener Elia, der doch so genau wusste, wie man Gott verehrte und der um die Ehre Gottes gestritten hatte.

Und so lernte er Gott neu kennen. Als Gott einen starken Sturm schickte, der die Berge zerriss und die Felsen sprengte, waren Gottes Spuren nicht darin. Es kam ein Erdbeben und dann ein gewaltiges Feuer. Aber Gottes Fährte war weder im Beben noch im Feuersbrand zu erkennen. Dann aber kam ein leichtes Säuseln. Da verhüllte Elia sein Gesicht, weil er das Wesen Gottes erkannt hatte. Nicht in den gewaltigen Naturerscheinungen konnte Elia die Spuren Gottes erkennen, sondern in dem leisen Wehen. Gottes Spuren, das begriff er jetzt, sind viel unauffälliger und leiser, als wir oft vermuten. Deshalb sind sie auch so schwer zu entdecken in unserer lauten Welt. Als Elia dies erkannte, musste er nicht mehr für seinen Gott streiten, sondern konnte sich daran freuen, dass Gott Spuren hinterlassen hatte, wo er selbst nicht mehr daran geglaubt hatte.

Gottes Spuren sind oft unscheinbar und verborgen
Ich bin davon überzeugt, dass Gott auch durch unser Leben und durch das von N. N. seine Spuren zieht, den wir eben getauft haben. Diese Spuren sind manchmal unscheinbar und verborgen und wir brauchen ein Hilfsmittel, um sie zu finden, ein Vergrößerungsglas, mit dem wir auch die sanftesten Abdrücke auf dem Boden wahrnehmen können. Solche Hilfsmittel können Zeiten der Einkehr und des Gebetes sein, Momente des Innehaltens. Manchmal können uns einschneidende Ereignisse die Augen öffnen für das Wirken Gottes. Vor allem aber brauchen wir Menschen, die unsere Augen schärfen auf unserer Suche nach seinen Spuren in unserem Leben.

LIED   Wir haben Gottes Spuren festgestellt auf unsern Menschenstraßen[17]

Gebet und Segen

FÜRBITTEN
    Herr, unser Gott,
    wir danken dir,
    dass du in unserem Leben Spuren hinterlassen hast
    und mit uns warst auf unseren Wegen,
    auch wenn wir deine Nähe nicht erkannt haben.

    Wir bitten dich für das Kind,
    dem wir heute das Zeichen deiner Nähe
    mit auf den Weg gegeben haben,
    dass du ihm nahe bist
    auf den Straßen, die es gehen wird
    und dass du durch sein Leben Spuren ziehst.

17 Schenk dir Zeit, 41

Wir bitten dich für seine Eltern und Paten,
seine Großeltern und Geschwister,
dass in ihrem Handeln sich deine Spuren zeigen
und dass deine Liebe
in ihrem Tun und Lassen deutlich wird.

Wir bitten dich für alle Eltern auf dieser Welt,
dass sie ihren Kindern liebevoll zur Seite stehen
und ihnen helfen, auf eigenen Füßen zu stehen.
Hilf ihnen, dass sie ihre Kinder ihre eigenen Wege
gehen lassen,
auch wenn sie anders verlaufen,
als sie es sich gedacht haben.

Wir bitten dich für die Menschen,
die an ihrem Leben verzweifeln,
und denen es schwer fällt,
deine Spuren in ihrem Leben zu sehen.
Stelle ihnen Menschen zur Seite,
die ihnen beistehen
und ihren Blick schärfen für deine Gegenwart.

Wir bitten dich für die unheilbar Kranken,
für die Opfer von Unfällen oder Gewalt,
deren Leben sich von einem Tag auf den anderen
verändert hat und die nun ganz abhängig sind
von anderen und ihrer ständige Hilfe.
Gib ihnen Kraft, ihr Schicksal zu tragen.

Wir bitten dich für alle,
die um einen nahen Menschen trauern.
Sei ihnen nahe und schenke ihnen deinen Trost,
dass sie den Weg von der Trauer ins Leben zurück finden.

STILLES GEBET

VATERUNSER

LIED   Bewahre uns, Gott (EG 171)

SEGEN

Es segne dich Gott, der Vater,
der dich geschaffen hat
und dich täglich am Leben erhält.
Es segne dich Jesus Christus,
in dem Gott seine Spuren hinterlassen hat
in dieser Welt.
Und es segne dich der Heilige Geist,
der dein Herz und deine Augen öffnen kann
für Gottes Werk in dieser Welt.
Amen.

MUSIK

6

„ ... dass du deinen Fuß nicht an einen Stein stoßest"

Tauf- und Abendmahlsgottesdienst
zum Symbol des Fußes

Eingang

MUSIK

LIED   Herr Jesu Christ, dich zu uns wend (EG 155,1)

BEGRÜSSUNG UND EINFÜHRUNG IN DAS THEMA

„Du stellst meine Füße auf weiten Raum." So lautete der Taufspruch aus Psalm 31, den wir heute dem kleinen Täufling mit auf den Weg geben wollen. Diese Worte haben mich dazu inspiriert, diesen Gottesdienst thematisch zu gestalten und dem Symbol des Fußes nachzuspüren.

Mit den Füßen stehen wir fest auf der Erde und zugleich ermöglichen sie es uns, uns zu bewegen und einen Weg unter die Füße zu nehmen. Sie sind damit ein Bild sowohl für die Beständigkeit, als auch für die Veränderung. Und sie drücken Durchsetzungsfähigkeit aus, wenn wir davon sprechen, etwas unter die Füße zu bekommen. Der Fuß ist also ein schönes Bild für einen Taufgottesdienst.

In den Psalmen wird das Bild des Fußes immer wieder gebraucht. Psalm 8 lobt Gott dafür, dass er uns Menschen die Werke der Schöpfung unter die Füße getan hat. Psalm 25 beschreibt Gottes rettendes Handeln, wenn er davon spricht, dass Gott die Füße aus dem Netze zieht. Dass Gott unsere Füße auf weiten Raum stelle, wie es Psalm 31 beschreibt, macht deutlich, dass der Glaube an Gott, in den wir getauft sind, nicht einschränkt, sondern befreit.

LIED   Wohl denen, die da wandeln vor Gott in Heiligkeit
(EG 295)

PSALM 8

Herr, unser Gott, wie erhaben zeigst du dich auf der Erde
und wie spiegelt der Himmel deine Größe!
Durch den Mund der Kinder und Säuglinge wirst
du gepriesen,
denen zum Trotz, die deine Werke nicht sehen wollen.
Ich erkenne den Himmel mit Mond und Sternen,
als Werk deiner Hände, das du uns zur Freude
geschaffen hast.
Was ist dagegen der Mensch, dass du dich um ihn
kümmerst
und das Menschen Kind, das du seiner gedenkst?
Du hast ihn geschaffen als dein Ebenbild,
hast ihm den aufrechten Gang gegeben
und ihn dazu bestimmt, deine Schöpfung zu achten
und das Werk deiner Hände zu erhalten.
Du hast alles unter seine Füße getan.
Die Tiere des Feldes und des Waldes hast du ihm
geschenkt,
die Vögel des Himmels und die Fische im Meer.
Herr, unser Gott, wie erhaben zeigst du dich auf
der Erde
und wie spiegelt der Himmel deine Größe!

LIEDRUF Lobet den Herren alle, die ihn ehren (EG
447,1.3)

GEBET

Herr, unser Gott,
wir kommen heute zu dir
voller Hoffnung und Freude
und bitten um deinen Segen für ein Kind,
das wir taufen.
Erquicke es durch die Leben schaffende Kraft des Wassers
und behüte es auf allen seinen Wegen,
dass es seinen Fuß nicht an einen Stein stoße.

Wir bitten dich für uns, die wir getauft sind,
segne die Wege, auf denen unsere Füße gehen
und führe uns die richtige Straße
um deines Namens willen.
Amen.

Taufe

LIED Ich möcht', dass einer mit mir geht (EG 209)

TAUFEVANGELIUM (Markus 10,13–16)
Und sie brachten Kinder zu Jesus, damit er sie mit seinen Händen segne. Doch die Jünger hinderten die Kinder daran, zu Jesus zu kommen und machten ihnen Vorwürfe. Als aber Jesus das sah, wurde er ärgerlich und sprach zu ihnen: Lasst die Kinder zu mir kommen und hindert nicht ihre Schritte, denn das Königreich Gottes gehört denen, die wie Kinder sind. Wahrlich, ich sage euch, wer das Königreich Gottes nicht empfängt wie ein solches Kind, dessen Füße werden ihn nicht hineintragen.

Und Jesus umarmte die Kinder und lege ihnen die Hände auf und segnete sie.

TAUFFRAGE
Liebe Eltern und liebe Paten,
wollt ihr, dass dieses Kind in der Taufe den Segen
Gottes empfängt?
Wollt ihr es begleiten auf den Wegen, auf die seine Füße
es führen wird?
Und wollt ihr ihm helfen, an Gott zu glauben und
die Menschen zu lieben?
So antwortet: Ja.

Eltern: Ja

GLAUBENSBEKENNTNIS

TAUFE

ÜBERGABE DER TAUFKERZE

Segen für die Tauffamilie

Der Herr, unser Gott,
sei bei dir auf allen deinen Wegen,
er stelle deine Füße auf weiten Raum
und bewahre dich,
dass du deinen Fuß nicht an einen Stein stoßest.
Er lenke deine Schritte,
dass du auf eigenen Füßen gehen kannst
und dich deine Füße
dereinst in Gottes ewiges Reich tragen.
Amen.

Lied   Segne dieses Kind und hilf uns, ihm zu helfen
(EG 574[18])

Verkündigung

Schriftlesung (1. Mose 32,23–30)

Und Jakob stand mitten in der Nacht auf und nahm seine beiden Frauen und die beiden Mägde und seine elf Söhne und zog an die Furt des Flusses Jabbok, überquerte sie mit den Seinen, blieb aber allein zurück. Da rang ein Mann mit ihm bis zum Morgengrauen. Und als dieser sah, dass er Jakob nicht überwinden konnte, schlug er ihn auf das Gelenk seiner Hüfte, so dass sie ausgerenkt wurde.

Und er rief: „Lass mich los, denn die Morgenröte bricht an." Aber Jakob antwortete: „Ich lasse dich nicht, es sei denn, du segnest mich."

Und er fragte ihn: „Wie heißest du?", und er antwortete: „Jakob."

„Du sollst von nun an nicht mehr Jakob heißen," antwortete der Mann, „sondern Israel, weil du mit Gott und mit Menschen gekämpft und gewonnen hast."

---

18 Alternativ kann EG 206,1.3–4 gesungen werden.

Da fragte Jakob: „Wie lautet dein Name?" Er aber sprach: „Warum fragst du, wie ich heiße?" Und statt zu antworten, segnete er ihn.

Aus der Enge in die Weite geführt werden

„Du stellst meine Füße auf weiten Raum" mit diesem Taufspruch aus Ps 31 drückt sich ein Wunsch für das kleine Kind aus, das wir eben getauft haben. Wir wollen ihm wünschen und das Unsere dazu beitragen, dass es zu einem offenen und weitsichtigen Menschen heranwächst, dass es in einer Welt aufwächst, in der sich seine Lebensmöglichkeiten entfalten können. Wie bei jedem kleinen Kind ist schon heute bei dem Täufling einiges zu spüren von der Offenheit für den weiten Raum – möge ihm das erhalten bleiben sein Leben lang! Die Taufe soll ihn darin bestärken, offen zu bleiben für alles Schöne in der Welt und den Blick in die Weite schweifen zu lassen. Neben diesem Gedanken verbinden wir mit der Taufe das Anliegen, dass der Täufling von Gott begleitet und bewahrt wird. Deshalb möchte ich neben den Taufspruch ein weiteres Psalmwort stellen: „Gott hat seinen Engeln befohlen, dass sie dich behüten auf allen deinen Wegen, dass du deinen Fuß nicht an einen Stein stoßest!" Beide Psalmworte strahlen Zuversicht und Hoffnung aus und gebrauchen das Bild der Füße. Sie sollen in die Weite geführt oder durch Engel vor Schmerzen bewahrt werden.

Der göttliche Segen bedeutet Bewahrung vor der inneren Enge

Doch dass wir auf unserem Lebensweg dauerhaft in die Weite geführt oder vor Schmerzen bewahrt werden, kann niemand ernstlich glauben. Zwar wünschen das Eltern ihren Kindern; Doch auch sie wissen, es wird enge Schluchten geben und auch Verletzungen werden nicht ausbleiben. So schwingt für die Eltern des Täuflings, die diese Worte als Taufspruch gewählt haben, wohl eher der Wunsch mit, dass ihr Kind vor der inneren Enge bewahrt wird und zugleich ein weites Herz entwickelt, um mit der Enge dieser Welt umzugehen, die ein Leben dauerhaft traumatisieren kann. Gott soll dieses Kind vor aller Enge schützen, aus der es keinen Ausweg gibt und er soll seine Füße auf Wege lenken, die aus den engen Schluchten wieder herausführen.

So verbindet sich mit der Taufe der Wunsch nach einem Leben, das geprägt ist vom Segen Gottes. Und dieser Segen möge gerade dann an Kraft gewinnen, wenn der Weg durch dürres und unwegsames Gelände führt. Denn Gottes Segen will nicht allein vor Unheil bewahren, sondern zugleich auch die Not verwandeln, in die jeder Mensch auf seinen Wegen gerät.

Die Jakobserzählung als Beispiel für ein von Gott gesegnetes Leben
Dieser Aspekt des Segens wird in der Bibel ganz besonders deutlich in den Erzählungen über den Erzvater Jakob, der gesegnet war und dessen Füße ihn doch über merkwürdig verschlungene Wege führten. Doch letztlich waren es die schweren und verletzenden Erfahrungen, aus denen Jakob als Gesegneter hervorging. Die Erzählungen des Jakobzyklus sind darüber hinaus ein unentwirrbares Geflecht von göttlicher Segensverheißung und menschlichem Eigensinn. Von Beginn an steht Jakob unter dem Segen Gottes und doch versucht er, sich diesen Segen auf eigensinnige Weise zu erstreiten. Die Jakobserzählungen in der Genesis ranken sich immer wieder um die Frage, ob der Verheißung des Segens geglaubt werden kann, auch wenn die sichtbare Erfüllung noch auf sich warten lässt. Und immer wieder versucht Jakob, den verheißenen Segen auf Wegen zu erlangen, die er unter die eigenen Füße nimmt.

Schon zu Beginn des Jakobzyklus, bei der Geburt, wirft der Segen seinen Schatten voraus, der nach der Logik des Erzählers nur dem Erstgeborenen zusteht. Als hätten die Zwillingsbrüder Jakob und Esau schon im Mutterleib um diese Erstgeburt konkurriert, hielt Jakob bei der Geburt den Fuß seines Bruders in der Hand. Es ist wie ein Bild dafür, dass er den Bruder daran hindern wollte, vor ihm geboren zu werden.

Jakob versucht, den Segen durch eigene Schritte zu erlangen
Zwar lag auf Jakob die Verheißung, die Gott seiner Mutter Rebekka gegeben hatte, dass der ältere Bruder dem jüngeren dienen sollte. Doch er wollte sich nicht auf diese Verheißung verlassen, sondern unternahm eigene Schritte, um den Makel der späteren Geburt zu überwinden: Als eines Tages Esau müde von der Jagd nach Hause kam, ihn seine Füße kaum mehr zu tragen vermochten und er sich nach Stärkung sehnte, verkauft ihm Jakob

ein fertig bereitetes Linsengericht, um dadurch die Stellung des Erstgeborenen zu erhalten. Er meinte nun, den Stand gewonnen zu haben, der ihm zukam. Und doch mochte sich der greise Vater Isaak nicht an die Abmachung der Brüder halten, als er auf dem Sterbebett den Erstgeborenen segnen wollte. Isaak wollte den Segen dem Sohn weitergeben, der ihm in der Erbfolge auf dem Fuße folgte. Eigensinnig beharrte er auf der Tradition, wonach der Ältere dem Jüngeren vorgezogen wurde.

Und doch musste sich Isaak dem göttlichen Ratschluss beugen und zugleich der List, mit der sich Jakob den Segen des Erstgeborenen zu erschleichen suchte. Als Esau noch zu Fuß durch Feld und Wald streifte, um seinem Vater zur Stärkung ein Wild zu erjagen und ihm ein Mahl zu bereiten, da schlüpfte Jakob schon in die Rolle des älteren Bruders. Er trat auf wie dieser, täuschte den altersschwachen Isaak und empfing so den Segen, der ihm nach dem Willen Gottes zustand, auch wenn der Vater diesen eigentlich dem Älteren zugedacht hatte.

Das Vertrauen in die Verheißung des göttlichen Segens fällt Jakob zunächst schwer

Doch als der Betrug aufflog und Esau gemerkt hatte, dass er um den Segen des Erstgeborenen betrogen war, musste Jakob seine Füße in die Hände nehmen, um der Rache des Bruders zu entgehen. Es war ein schwerer Weg in die Fremde, vor dem ihn sowohl Vater als auch Mutter sicher gern bewahrt hätten. Und doch war er eine wichtige Erfahrung, durch die Jakob gesegnet wurde. Auch in der Fremde konnte Jakob zunächst nicht der Verheißung des göttlichen Segens vertrauen, er musste es wieder selbst in die Hand nehmen, sich den Segen Gottes auf seine Weise sichern. Als er von seinem Schwiegervater Laban um den Segen gebracht und betrogen zu werden drohte, wurde Jakob selbst zum Betrüger, um sich das zu sichern, was ihm von Gott her zustand. Und so verließ Jakob den Schwiegervater schließlich heimlich wie ein Dieb in der Nacht. Seine beiden Frauen durften sich nicht vom Vater verabschieden und seine Kinder nicht vom Großvater. Das, was ihm der göttliche Segen zugedacht hatte, meinte Jakob wie ein Betrüger mit sich fort nehmen zu müssen. Wieder sind göttlicher Segen und menschlicher Eigensinn eng miteinander verknüpft.

*Jakob merkt schließlich, dass er sich den göttlichen Segen nur schen-
ken lassen kann*

Einen weiten Weg hatte Jakob unter die Füße nehmen müssen,
einen langen Umweg, um nach mehr als 14 Jahren erst wieder
zurück zu kommen in die Heimat. Die Rückkehr wurde dann
aber zugleich zu einem Weg, auf dem sich Jakob seiner Vergangenheit stellen musste. Vor der Begegnung mit Esau, dem um den
Segen betrogenen Bruder, wendete sich Jakobs Schicksal auf dra-
matische Weise. Beim Überqueren eines Flusses stellte sich ihm
eine geheimnisvolle Gestalt entgegen, die ihn daran hinderte, auf
die andere Seite zu kommen. Vielleicht war es ein Engel, der sich
in den Weg stellte und der ihn bewahren wollte, damit sich sein
Fuß nicht verletzte. Denn Engel sind nicht nur die liebevollen
Begleiter. Sie können auch den Gang der Füße unterbrechen oder
einen Umweg erzwingen. Doch Jakob wollte sich nicht daran
hindern lassen, seinen Weg zu gehen und zugleich spürte er die
Segenskraft seines Gegenübers. Als dieser sich zurückziehen wollte, sprach Jakob: „Ich lasse dich nicht vorher los, bevor du mich
segnest!" Wieder versuchte Jakob, sich den göttlichen Segen mit
Gewalt zu holen, wie er es schon mit dem Erstgeborenensegen
getan hatte und mit dem Segen, den Gott seiner Hände Arbeit
geschenkt hatte. Doch während des Ringens mit dem Engel ver-
änderte sich Jakob. Er merkte, dass er sich den göttlichen Segen
nicht erstreiten konnte, sondern sich ihn schenken lassen musste.
Denn Jakob wurde während des Ringens verletzt und hinkte von
nun an auf seiner linken Seite. Fußlahm wie er nun war, konnte
er sich keinen Segen mehr erstreiten und empfing ihn doch. Er
machte während der Begegnung mit dem Engel die tiefgreifende
Erfahrung, dass Segen immer nur geschenkt werden kann und
nicht erstritten oder durch Betrug erzwungen werden muss.

Jakob wird von der inneren Enge befreit und wird ein neuer Mensch

Und so wurde Jakob aus seiner inneren Enge in die Weite geführt,
er wurde ein anderer Mensch, dem der Engel deshalb auch einen
neuen Namen gab. Von nun an sollte er Israel heißen und nicht
mehr den Namen Jakob tragen, der an Betrug und List erinnerte.
Jakob wusste sich seither von Gottes Segen getragen und konnte
in Gelassenheit dem entgegensehen, was auf ihn zukam.

Als neuer Mensch konnte Jakob den Weg durch den Fluss gehen und seinen Fuß auf heimatliches Land setzen. Wir sind an die Symbolik der Taufe erinnert, in der ein Mensch ja auch durch das Wasser hindurch muss, um ein neuer Mensch zu werden. Und auch der Täufling erhält am Ende den Segen und geht seinen weiteren Weg als von Gott Gesegneter.

LIED   Gott gab uns Atem, damit wir leben (EG 432)

Gebet

FÜRBITTEN

Herr, unser Gott,
du willst uns segnen und willst,
dass wir anderen zum Segen werden.
Wir danken dir, dass du unsere Schritte lenkst
und auf Wegen des Lebens führst.

Wir bitten dich für das Kind,
das wir in deinen Namen getauft haben,
sei du ihm nahe auf seinem Lebensweg
und bewahre seine Füße vor dem Stolpern.

Wir bitten dich für die Konfirmanden,
die wir in der Konfirmation an ihre Taufe erinnern.
Begleite sie auf ihrem Schritt
von der Kindheit in die Jugend,
dass sie verantwortungsvolle Menschen bleiben.

Wir bitten dich für die Eltern,
dass sie ihren Kindern hilfreich und liebevoll zur Seite stehen
und ihnen helfen, auf eigenen Füßen zu stehen.
Hilf ihnen, dass sie Konflikte aushalten
und Unterschiede akzeptieren können.

Wir bitten dich für die Menschen,
deren Leben bedroht ist in der Nähe und der Ferne.
Schenke ihnen Beistand und Kraft.

Und tritt denen entgegen,
die durch Terror und Krieg ihre eigenen Interessen
höher bewerten als das Leben vieler Menschen.

Wir bitten dich für alle, die um einen nahen Menschen
trauern.
Sei ihnen nahe und schenke ihnen deinen Trost,
dass ihre Füße den Weg ins Leben zurück finden.
Amen.

Abendmahl

LIED   Dass du mich einstimmen lässt in deinen Jubel, o Herr
(EG 580)[19]

LOBGEBET

Wir preisen dich, Gott, du Kraft des Lebens,
du schenkst uns dieses Brot,
die Frucht der Erde und der menschlichen Arbeit.
Lass es uns zum Brot des Lebens werden.

Und du schenkst uns diesen Wein,
die Frucht des Weinstocks und der menschlichen Arbeit.
Lass ihn uns zum Kelch des Heils werden.

SAMMLUNGSGEBET

Wie die Körner von den Feldern
und die Weintrauben auf deinem Tisch
versammelt sind in Brot und Wein,
so lass auch uns vereinigt werden
von den Enden der Erde in deinem Reich.
Amen.

EINSETZUNGSWORTE

VATERUNSER

AGNUS DEI (EG 190,2)

---

19 Alternativ kann EG 222 gesungen werden.

Der Friede Gottes begleite euch alle,
dass eure Füße Wege des Friedens gehen!

AUSTEILUNG

DANKGEBET

Herr Jesus Christus,
wir danken dir für Brot und Wein,
in denen wir deine Segenskraft sehen und schmecken
konnten.
Wir bitten dich,
lass unsere Füße,
mit denen wir vor deinen Tisch getreten sind,
auf dem Weg des Friedens wandeln.
Amen.

Segen

LIED   Sende dein Licht und deine Wahrheit (EG 172)

SEGEN

Gott segne dich,
wohin du auch gehst.
Er leite deine Schritte auf rechtem Wege
und lasse deine Füße sicher auftreten,
damit sie dich dereinst führen
in die ewige Herrlichkeit.
Amen.

MUSIK

7 *Wie ein roter Faden*

Taufgottesdienst
von Jugendlichen

Eingang

MUSIK

LIED   Zieh ein zu deinen Toren (EG 133,1–2)

BEGRÜSSUNG

Wie ein roter Faden zieht sich Gottes Liebe durch unser
Leben. Immer wieder können wir diese Liebe entdecken,
dann ist sie wieder verdeckt und kommt später erst wieder zum Vorschein. In diesem Gottesdienst nehmen wir
diesen roten Faden auf, feiern Gottes Zuwendung durch
das Fest der Taufe.

LIED   All Morgen ist ganz frisch und neu (EG 440)

PSALM 31

Dir vertraue ich, Gott,
lass mich niemals zuschanden werden
und errette mich durch die Hand deiner Gerechtigkeit.
Wende deine Ohren zu mir,
höre auf mein Gebet und hilf mir,
wenn ich zu dir rufe!
Sei mein Fels, auf dem mein Fuß fest steht
und meine Burg, in der ich Schutz finde.
Leite mich auf sicheren Wegen
und führe mich auf rechter Straße.
Hilf mir aus der Schlinge,
die mir meine Feinde heimlich legten
und befreie meinen Fuß aus der Falle,
in die er auf seinem Weg geraten ist.

In deine Hände befehle ich mein Leben,
denn du hast mich erlöst, du treuer Gott.
Ich freue mich, dass ich auf dich hoffen darf
und mein Vertrauen nicht auf die falschen Götter
setzen muss.
Ich bin fröhlich,
weil du mich gütig anblickst
und mein Elend und meine Not zum Guten wendest.
Du führst mich nicht in die Enge,
sondern stellst meine Füße auf weiten Raum.
Sei mir nahe, wenn meine Angst mich einengt
oder mein Auge durch den Schleier der Tränen
keinen Ausweg mehr sieht.
Lass mich nicht allein,
wenn mein Leben zu zerbrechen droht
wie ein Krug, der zu Boden fällt.
Meine Zeit liegt in deinen Händen.
Deshalb errette mich aus der Hand meiner Feinde,
dir mir listig nachstellen und mich verfolgen.
Leite mich mit deinen Augen
und hilf mir durch deine Güte.
Lass mich niemals zuschanden werden,
denn ich vertraue auf dich.
Wie groß ist deine Liebe,
die du denen erweist, die dich fürchten
und die deinen Wegen vertrauen.
Du beschützt sie vor den Bösen
und bewahrst sie vor den Lügnern.
Seid deshalb getrost und unverzagt,
wenn ihr auf Gott vertraut.
Deshalb lasst uns lobsingen:

LIEDRUF Herr, deine Güte reicht, so weit der Himmel ist
(EG 277,1)

KYRIE

Gottes Gegenwart – sie webt sich durch unser Leben
wie ein roter Faden.
Gott begleitet uns und hinterlässt Spuren,

die sich entdecken lassen wie ein solcher roter Faden.
Aber wie selten nehmen wir ihn wahr,
richten unser Leben danach aus.
Wir brauchen Gottes Erbarmen und singen:

LIEDRUF Kyrie eleison (EG 178,9)

GLORIA

Jesus Christus spricht: „Ich bin das Licht der Welt.
Wer mir nachfolgt, der wird nicht wandeln in der
Finsternis,
sondern wird das Licht des Lebens haben."
Weil sich in Jesus Christus Gott
wie ein roter Faden durch unser Leben zieht,
loben wir ihn:

LIEDRUF Halleluja (EG 181,5)

TAGESGEBET

Herr, unser Gott,
du hast uns beschenkt
mit der Verheißung deiner Gegenwart.
Du willst uns begleiten auf unseren Wegen
wie ein roter Faden
und unserem Leben Sinn und Ziel geben.
Deshalb wagen wir es mit dir,
und gehen den Weg, den du uns führst.
Wir tun dies,
auch wenn wir nicht wissen,
wohin die Wege gehen.
Komm du zu uns und lass uns dich aufnehmen
in unser Leben und in unsere Welt.
Amen.

Taufe

LIED   Such, wer da will, ein ander Ziel (EG 346)

TAUFEVANGELIUM (Matthäus 28, 18–20)

Jesus Christus spricht:
Mir ist gegeben alle Gewalt im Himmel und auf Erden.
Gehet darum hin und macht zu Jüngern alle Völker:
Tauft sie auf den Namen des Vaters und des Sohnes
und des heiligen Geistes
und lehrt sie die Worte halten, die ich euch gesagt habe.
Und siehe, ich bin bei euch an allen Tagen bis an das
Ende der Welt.

FRAGEN AN DIE TÄUFLINGE

Ihr wollt, dass ihr getauft werdet. Die Taufe ist ein Zeichen dafür, dass Gott euch begleiten will während eures Lebens. Wollt ihr in diesem Sinne euer Leben mit Gott führen und auf seine Spuren in eurem Leben achten, die wie ein roter Faden sich durch euer Leben ziehen?
Dann antwortet mit Ja.

Täuflinge: Ja.

GLAUBENSBEKENNTNIS

TAUFE

ÜBERGABE DER TAUFKERZEN

TAUFSEGEN

(mit Symbolhandlung: Die Täuflinge, Eltern und Paten werfen sich ein Knäuel aus roter Wolle zu, wobei jeder den Faden festhält, bevor er das Knäuel weiter wirft. So entsteht ein Netz aus roten Fäden)
Gottes Liebe durchziehe euer Leben wie ein roter Faden.
Sie werde für euch ein Netz, das euch auffängt, wenn ihr fallt.
So segne euch der allmächtige und barmherzige Gott, der Vater, der Sohn und der Heilige Geist.
Amen.

Verkündigung

<small>LIED</small>   Sollt ich meinem Gott nicht singen (EG 325,1–2.4)

<small>SCHRIFTLESUNG</small> (Römer 6,19–23)

Paulus schreibt: Wie ihr euch früher der Ungerechtigkeit hingegeben und euch damit verunreinigt habt, so dient nun mit all euren Gliedern der Gerechtigkeit, damit ihr an Leib und Seele heilig werdet. Als ihr noch Sklaven der Sünde wart, lag die Gerechtigkeit in unerreichbarer Ferne. Der Lohn aber dieser Knechtschaft – dessen seit ihr heute voller Scham gewiss – wäre der Tod gewesen.

Weil ihr jetzt aber nicht mehr der Sünde dient, sondern Gott, ist die Frucht eures Dienstes, dass ihr heilig werdet und am Ende das ewige Leben erbt.

Denn der Lohn der Sünde ist der Tod; die Gabe Gottes aber ist das ewige Leben in Christus Jesus, unserm Herrn.

<small>ANSPRACHE</small>

Der Wunsch nach Freiheit als roter Faden im Leben vieler Jugendlicher
Ein roter Faden liegt vor Ihnen. Vielleicht haben Sie während des Gottesdienstes ihn immer mal wieder betrachtet. Ein roter Faden stellt eine verborgene Verbindung dar, er verbindet gleiche Motive, die an verschiedenen Stellen vor ganz verschiedenen Hintergründen immer wieder auftauchen. Ein roter Faden kann sich durch ein Buch oder einen gelungenen Gottesdienst ziehen, wenn immer wieder ein Leitgedanke auftaucht. Rote Fäden können sich aber auch durch ein Leben hindurch ziehen. Immer wieder zeigt sich etwas Typisches, es wiederholt sich eine ähnliche Situation oder es gibt ähnliche Wendepunkte.

Wie ein roter Faden zieht sich durch das Leben von Kindern und vor allem Jugendlichen der Wunsch nach Freiheit. Sie fordern ihre Freiheit oft vehement ein und wollen gerne schon früh selbständig sein. Sie wollen endlich selbst über ihr Leben bestimmen und sich nichts mehr sagen lassen. Freiheit erinnert ja an Abenteuer und Weite. Freiheit bedeutet, auszubrechen aus den gewohnten Rollen und Abläufen.

Freiheit als Lust und Last zugleich

Und doch ist Freiheit nicht einfach nur Lust. Freiheit will gestaltet werden. Das zeigt sich ja gerade in den Urlaubszeiten und für die Schülerinnen und Schüler in den langen Sommerferien besonders deutlich. Denn hier muss die viele freie Zeit auch schon mal totgeschlagen werden, wenn man sich kein Ziel vorgenommen hat.

Diese Doppeldeutigkeit von Freiheit kommt in unserem Predigttext zum Ausdruck, in dem Paulus die Befreiung aus der Sklaverei als Bild für die Hinwendung zum christlichen Glauben verwendet. Im Sinne dieses Bildes kann er die Zeit vor der Annahme des christlichen Glaubens als Knechtschaft bezeichnen, in der die Christen noch gefangen waren. Ihr früheres heidnisches Leben beschreibt er als Sklaverei im Dienste der Ungerechtigkeit und der Sünde, während er das Leben nach der Hinwendung zum Christentum als Dienst der Gerechtigkeit schildert. Seit sie sich dem christlichen Glauben zugewandt hatten, waren sie frei. Sie standen nicht mehr im Dienst der Unreinheit und waren nicht mehr in der Sklaverei der Ungerechtigkeit. Der christliche Glaube befähigt zur Freiheit – Das ist ein Gedanke, der sich wie ein roter Faden durch die verschiedenen Briefe des Paulus zieht und der sich immer wieder bewahrheitet im Leben zahlreicher Menschen.

Der christliche Glaube führt durch die Bindung an Gott in die Freiheit

Und doch spricht Paulus nicht einfach nur von der Befreiung aus der alten Abhängigkeit. Er widersteht der Versuchung, die Hinwendung zum christlichen Glauben allein in leuchtenden Farben zu beschreiben. Der Glaube führt bildlich gesprochen zwar heraus aus der Sklaverei, aber er führt auch in einen neuen Dienst hinein. Die, die früher Sklaven der Ungerechtigkeit waren, werden nun zu Knechten der Gerechtigkeit oder zu Dienern Gottes. Paulus beschreibt die Hinwendung zum christlichen Glauben mit dem Bild des Herrschaftswechsels. Und damit nimmt er die Erfahrung der Freiheit als einer ambivalenten Größe auf: Freiheit ist auf der einen Seite der verlockende Ruf, auszubrechen aus allem, was unfrei hält oder Lebendigkeit und Kreativität bindet. Und auf der anderen Seite muss Freiheit gestaltet werden. Wir brauchen Ziele, damit Freiheit wirklich etwas Neues erleben lässt. Solche Ziele helfen uns beispielsweise, mit der vielen freien Zeit im Urlaub und in den Ferien sinnvoll umzugehen. Haben wir diese Ziele nicht, dann nimmt uns anderes gefangen.

Das ist der Grund, warum Paulus die Freiheit von früheren Abhängigkeiten als Herrschaftswechsel beschreibt und sofort mit der Bindung an Gott und die Gerechtigkeit verknüpft. Bildhaft ausgedrückt wechselt der Sklave seinen Besitzer. Wurde er früher von den Dingen dieser Welt besessen, so wird er in der Hinwendung zum Christentum zu einem Diener Gottes. Mit der Freiheit wird so gleich schon ein Ziel mitgegeben.

Der rote Faden als Bild für die Freiheit und die Bindung des Glaubens
Ich will diesen Sachverhalt verdeutlichen mit dem Bild des roten Fadens. Ein roter Faden spinnt sich durch ein Gewebe und kommt immer wieder an verschiedenen Stellen zum Vorschein. Und zugleich hält er das Gewebe zusammen. Der rote Faden verbindet und bezeichnet alles und verhindert damit, dass das Gewebe auseinander bricht. Er mag manchmal straff wirken und zwei Teile gewaltsam miteinander verbinden, dann ist er wieder lose gewirkt und verbindet ganz unauffällig das Gewebe.

Mit der Hinwendung zum christlichen Glauben lassen wir uns darauf ein, dass Gott einen roten Faden durch unser Leben spinnt. Manchmal ist dieser Faden kaum zu sehen und verbirgt sich unter vielen anderen Fäden, dann aber taucht er wieder an verschiedenen Stellen auf. An mancher Stelle hält er mit Gewalt das Gewebe zusammen und dann wieder ist er locker und lose mit den übrigen Fäden verbunden. So wird der rote Faden zu einem Bild für die Freiheit, die ja immer Lust und Last zugleich ist. Gott lässt uns viel Freiheit, wenn wir uns auf den Glauben an ihn einlassen, wie ja auch der rote Faden keine Fessel und kein Strick ist. Und doch gibt er dem Leben ein Ziel, das hineingewebt ist in unser Leben. An manchen Stellen ist dieses Ziel deutlich zu erkennen und tritt an die Oberfläche des Gewebes unseres Lebens. An anderen Stellen bleibt der rote Faden Gottes verborgen.

Die Taufe als Zeichen für die göttliche Nähe, die das Leben wie ein roter Faden durchzieht

Die Bindung an Gott wird deutlich gemacht in der Taufe. Sie ist das Zeichen dafür, dass wir uns auf Gottes Wege einlassen, die unser Leben wie ein roter Faden durchziehen. Für Paulus ist gerade die Taufe das deutlichste Zeichen für die Veränderung im Leben, die sich mit der Hinwendung zum christlichen Glauben verbindet und die er als Herrschaftswechsel beschreibt. Im engen Zusammenhang mit unserem Predigttext entwickelt er den Gedanken, dass wir in der Taufe diesen Herrschaftswechsel vollziehen. Im Untertauchen in das Wasser sind wir symbolisch mit Jesus Christus gestorben und haben damit alles hinter uns gelassen, was mit dem Tod in Verbindung steht: Die Unreinheit, die Ungerechtigkeit, die Sünde. Als Getaufte nehmen wir teil an dem neuen Leben, das mit der Auferstehung Jesu begonnen hat. Dieses neue Leben soll sich von nun an wie ein roter Faden durch das Dasein ziehen.

Mit der Taufe beginnt ein neues Leben in Freiheit

Doch auch als Getaufte leben wir immer noch in dieser Welt, die voller Zweideutigkeiten ist. Auch wenn wir durch die Taufe an der Auferstehungswirklichkeit Christi teilhaben, leben wir noch lange nicht im Himmel. Deshalb spricht Paulus ja von einem Herrschaftswechsel. Das neue Leben ist nicht nur voller Freiheit, es besitzt eben auch Aufgaben, die erfüllt werden müssen.

Aber es beginnt mit der Hinwendung zum christlichen Glauben, der durch die Taufe versinnbildlicht wird, ein spannender Weg. Wir werden in die Weite geführt und in die Freiheit. Und dann gibt es auch immer Wegstrecken, in denen unser Weg durch tiefe Täler verläuft oder uns Lasten aufgebürdet werden, die uns niederdrücken und deren Sinn wir nicht verstehen. Aber wie unser Leben auch verläuft, Gott will uns begleiten. Wie ein roter Faden zieht sich seine Gegenwart durch unser Leben. Es ist spannend nach diesem roten Faden zu suchen und es ist beglückend, ihn immer wieder zu entdecken.

Lied   Lass uns den Weg der Gerechtigkeit gehn (EG 640[20])

---

20 Alternativ kann EG 432 gesungen werden.

Gebet und Segen

Herr, unser Gott,
du hast uns zum Leben erweckt
und befreist uns immer wieder neu
aus allem, was dieses Leben beschränkt
und seine Entfaltung hindert.
Wir danken dir,
dass sich dein Leben schaffendes Wirken
wie ein roter Faden durch unser Leben zieht.

Wir bitten dich für die jungen Menschen,
die wir heute in deinem Namen getauft haben,
dass sie den Reichtum deiner Gnade erfahren
und von dir aus der Enge
in die Weite geführt werden.

Wir bitten dich für die Menschen,
die zu Boden gefallen sind,
dass sie wieder aufstehen können,
auch wenn sie wieder und wieder fallen.

Wir bitten dich für uns alle,
dass wir dein Wirken in unserem Leben
und in unserer Welt immer wieder entdecken
wie einen roten Faden,
auch wenn er für uns lange nicht sichtbar gewesen ist.

Wir bitten dich für alle,
deren Leben Veränderungen unterworfen ist,
dass sie diese nicht als Bedrohung,
sondern als Erneuerung erleben,
als Weg, den sie durch dich geführt werden.

Herr, unser Gott, wir bitten dich
um deine erneuernde Kraft für unser Leben.
Schenke uns weiten Raum unter unseren Füßen.
Wandle uns und erneuere deine Gemeinde.

STILLES GEBET

VATERUNSER

LIED   Wenn wir jetzt weitergehen, dann sind wir nicht allein
        (EG 168,4–6)

SEGEN
        Es segne dich Gott,
        der dein Leben in seiner Hand hält
        und es voller Sorgfalt behütet.
        Mögen sich seine Spuren
        durch dein Leben ziehen
        wie ein roter Faden,
        damit dich deine Schritte
        einst in sein Reich führen.
        Amen.

MUSIK

8 Von Gott beschenkt

Tauf- und Traugottesdienst zum Symbol
des Geschenkes

Eingang

MUSIK

VOTUM

Wir sind heute zusammen im Namen Gottes,
der uns das Leben schenkt.
Im Namen Jesu Christi,
der uns mit seiner Gegenwart beschenkt hat.
Und im Namen des Heiligen Geistes,
der uns mit Liebe und Freude erfüllt.
Amen.

BEGRÜSSUNG UND EINFÜHRUNG IN DAS THEMA

Es ist immer ein besonderes Geschenk, wenn zwei Menschen sich finden, die zusammenpassen, um das Leben
miteinander zu teilen. Wenn ihnen dann auch noch ein
Kind geschenkt wird, auf das sie sich lange schon freu-
ten, dann liegt es nahe, das Geschenk als Symbol zu
wählen, das diesen Gottesdienst durchziehen soll.
Sowohl Taufe, als auch Trauung zeigen uns, wie
beschenkt wir sind. Das Wasser, mit dem wir taufen,
weist auf den Ursprung allen Lebens und erinnert uns
daran, dass jedes Leben sich einem anderen verdankt.
Die Taufkerze, die wir nach der Taufe an der Osterkerze
entzünden, weist auf den Glauben an Gott hin, der uns
ebenfalls nur geschenkt werden kann. Und die Liebe, die
die Grundlage bildet für die Ehe, bleibt unser Leben lang
ein unverfügbares Geschenk, um dessen Bestand wir
heute deshalb beten wollen.

LIED   Geh aus, mein Herz, und suche Freud
(EG 503,1.13–14)

PSALM 8

> Herr, unser Gott, wie erhaben zeigst du dich auf der
> Erde
> und wie spiegelt der Himmel deine Größe!
> Durch den Mund der Kinder und Säuglinge wirst
> du gepriesen,
> denen zum Trotz, die deine Werke nicht sehen wollen.
> Ich erkenne den Himmel mit Mond und Sternen,
> als Werk deiner Hände, das du uns zur Freude
> geschaffen hast.
> Was ist dagegen der Mensch, dass du dich um ihn
> kümmerst
> und das Menschen Kind, das du seiner gedenkst?
> Du hast ihn geschaffen als dein Ebenbild,
> hast ihm den aufrechten Gang geschenkt
> und ihn dazu bestimmt, deine Schöpfung zu achten
> und das Werk deiner Hände zu erhalten.
> Die Tiere des Feldes und des Waldes hast du ihm
> geschenkt,
> die Vögel des Himmels und die Fische im Meer.
> Herr, unser Gott, wie erhaben zeigst du dich auf
> der Erde
> und wie spiegelt der Himmel deine Größe!

> LIEDRUF Nun lasst uns Gott dem Herren Dank sagen
> und ihn ehren (EG 320,1)

GEBET

> Herr, unser Gott,
> du hast zwei Menschen zusammengeführt
> und ihnen die Gabe der Liebe ins Herz gelegt.
> Wir bitten dich, dass sie diese Liebe nicht als
> einen Besitz,
> sondern als ein immerwährendes kostbares
> Geschenk begreifen,
> das sie werthalten und bewahren ihr Leben lang.

Herr, unser Gott,
du hast diese beiden Menschen
darüber hinaus mit einem Kind beschenkt,
das nun zu ihnen gehört
und um das sie sich liebevoll kümmern wollen.
Wir wollen es heute taufen,
damit du deine schützende Hand über ihm hältst.
Hilf uns, dein Geschenk der Liebe weiterzugeben,
hilf uns, ihm in Liebe zu begegnen.
Amen.

Taufe

LIED   Voller Freude über dieses Wunder (EG 212,1–3.6)

TAUFEVANGELIUM (Matthäus 28,18–20)

Jesus sprach zum Abschied zu seinen Jüngern:
Mir ist gegeben alle Gewalt im Himmel und auf
der Erde.
So geht hin und macht zu Jüngern alle Völker,
tauft sie auf den Namen des Vaters und des Sohnes
und des heiligen Geistes
und lehrt sie, auf meine Worte zu achten und sie zu
halten.
Und siehe, ich bin mit euch an allen Tagen, bis an
das Ende der Welt.

TAUFFRAGE

Liebe Eltern und liebe Paten,
wollt ihr euren Sohn und Patensohn
als ein wertvolles Geschenk annehmen,
das Gott euch gegeben hat?
Wollt ihr, dass Gott ihn auf seinen Wegen begleitet
und wollt ihr ihm den Glauben an Gott
in Wort und Tat vorleben?
So antwortet mit: Ja, mit Gottes Hilfe!

Eltern und Paten: Ja, mit Gottes Hilfe!

GLAUBENSBEKENNTNIS

TAUFE

ÜBERGABE DER TAUFKERZE

LIED   Ein Kind ist angekommen (EG 575[21])

Verkündigung

ANSPRACHE

Das Leben eines Kindes ist ein Geschenk Gottes

Wir haben eben einen kleinen Jungen getauft, der Ihnen von Gott geschenkt wurde und der für Sie wie ein kostbares Geschenk ist. Wir haben diese Taufe vollzogen in der Hoffnung, dass Gott ihn begleitet auf seinem Lebensweg und dass er ihn zu einem selbständigen und selbstbewussten Mann heranwachsen lässt.

In der Taufe eines Kindes wird deutlich, wie viel in unserem Leben uns geschenkt wird. Für Sie als Eltern ist Ihr Sohn ein ganz besonderes Geschenk, auf das Sie schon lange sehnsüchtig gewartet haben. Schon seit Jahren besaßen Sie den Wunsch nach einem Kind. Doch die Hoffnung schien sich zunächst zu zerschlagen. Und als Sie dann endlich Ihren Sohn auf den Arm nehmen und dann adoptieren konnten, da stellte sich sicherlich das Gefühl aus den Kindertagen ein, als endlich, endlich am Geburtstagsmorgen die Tür zum Wohnzimmer aufging und der Blick auf die lang erwarteten Geschenke frei wurde. So war es ein weiter Weg bis zu diesem Tag, an dem Sie Ihr Kind taufen lassen und zugleich feierlich in den Kreis Ihrer Familie aufnehmen konnten.

Vieles, was ein Leben gelingen lässt, kann nur geschenkt werden

Am Tag der Taufe wird uns aber noch in anderer Hinsicht deutlich, dass vieles uns nur geschenkt werden kann, was ein Leben gelingen lässt. Dass ein Kind gesund ist und heil aufwachsen kann und in einer Familie gut behütet wird, ist ein großes Glück und ein wichtiges Geschenk für den Start ins Leben. Und so sind für

---

21 Alternativ kann EG 211,1.3–4 gesungen werden.

den Täufling seine beiden neuen Eltern ein ganz besonders großes und wichtiges Geschenk, für die er heute schon auf seine Weise dankbar ist. Dass ein Kind im Geist der Freiheit und der Liebe aufwachsen kann, muss ihm eben geschenkt werden. Und dass es schließlich den Geist Gottes empfängt und in den Glauben an Gott hineinwächst, auf dessen Namen es heute getauft wurde, muss ihm von Gott geschenkt werden.

„Gott hat uns nicht den Geist der Furcht geschenkt, sondern der Kraft und der Liebe und der Besonnenheit." So lautet der Taufspruch für unseren Täufling aus 2. Timotheus 1,7. Auch hier ist von einem Geschenk die Rede, vom Geschenk des Geistes Gottes, der uns nicht zu furchtsamen und in uns selbst verkrümmte Menschen machen will, sondern zu selbstbewussten und aufrechten. Mit diesem Geist, so verheißt es der Taufspruch, kann der kleine Täufling zu einem Mann heranwachsen, der mit starken Kräften beschenkt ist, die er aber besonnen einsetzen kann. Mit diesem Geist kann er zu einem Menschen werden, der andere lieben und der vor allem die ihm entgegengebrachte Liebe annehmen kann. Mit diesem von Gott geschenkten Geist wird unser Täufling lernen, anderen Fehler zu verzeihen und um Vergebung zu bitten, wo er selbst etwas falsch gemacht hat. Und dieser Geist, in dem Gott ihn auf seinen Wegen begleitet, wird ihn immer wieder trösten, wenn er einsam oder traurig sein sollte während seines Lebens.

Die Liebe zweier Menschen ist ein gegenseitiges Geschenk
So wird an der Taufe deutlich, wie sehr wir im Laufe unseres Lebens darauf angewiesen sind, beschenkt zu werden. Das gilt ganz besonders für die Menschen, mit denen wir unser Leben teilen, für Eltern und Kinder, aber vor allem auch für den Partner, die Partnerin. Ein Mann und eine Frau, die sich zu einem gemeinsamen Leben entschlossen haben, schenken sich einander. Und deshalb wollen wir heute auch an die Eltern des Täuflings denken, daran, dass sie sich miteinander verbunden haben. Für einige von Ihnen mag es eine Überraschung gewesen sein, vielleicht ein unvermutetes Geschenk, dass die beiden heute nicht nur ihren Sohn taufen wollten, sondern sich im Anschluss auch noch kirchlich trauen lassen. Für Ihre Trauung – liebes Brautpaar

– haben Sie sich auch einen Bibelspruch ausgesucht, der Sie in Ihrem Zusammenleben begleiten soll: „Lasst uns nicht lieben mit Worten allein, sondern mit der Tat und mit der Wahrheit" (1. Johannes 3,18).

Ihre Liebe zueinander soll – so sagt es Ihr Trauvers – nicht allein darin bestehen, dass Sie sich einander Ihre Liebe zusagen. Auch wenn es gut und wichtig ist, wenn ein Paar sich gegenseitig seiner Liebe durch Worte versichert, wollen Sie sich damit allein nicht zufrieden geben. Sie wollen Ihre Liebe zueinander in die Tat umsetzen. Wie ein Geschenk die Wertschätzung des Beschenkten unterstreicht, wenn es sorgfältig ausgesucht und liebevoll verpackt wurde, so soll es mit Ihrer Liebe auch sein. Die Worte, mit denen Sie sich vor einigen Jahren Ihre Liebe gestanden haben, sollen durch die Tat unterstrichen werden. Und das gilt auch für das Trauversprechen, das Sie sich gleich gegenseitig zusagen werden. Denn erst durch die Tat zeigt sich wirklich, ob Ihre Liebe in Wahrheit tragfähig ist.

Auch in der Ehe bleibt die Liebe ein unverfügbares Geschenk

Ein Geschenk kann niemand einfordern, es wird einem gemacht und zwar von einem anderen. Und die schönsten Geschenke sind die, mit denen wir nicht vorher gerechnet haben und die uns überraschen. Ähnliches gilt auch für die Liebe. Wir können sie nicht einklagen, auch nicht in einer Ehe. Es ist ein Geschenk, wenn Sie sich ihre Liebe gegenseitig bewahren können. Deshalb muss die gegenseitige Liebe geachtet und bewahrt werden wie ein kostbares Geschenk.

Mit der Liebe ist es nicht so, dass sie einmal da ist und dann von selbst bleibt. Gerade Sie wissen darum, weil Sie ja nun schon so lange zusammen sind, dass die Liebe ganz unterschiedliche Gesichter hat. Sie wissen darum, dass es Zeiten gibt, in denen die Liebe kleiner ist, und Zeiten, in denen sie so groß wird, dass sie Ihnen das Herz geradezu sprengt. Ich wünsche Ihnen, dass Sie sich immer wieder neu Ihre Liebe schenken können und dies in Worten aber vor allem mit Taten unterstreichen.

Dass Ihre Liebe nicht nur aus Worten besteht, zeigt sich auch daran, dass Sie ein Kind ins Herz geschlossen haben, das Ihnen bis vor kurzem noch fremd war. Mit Ihrem Sohn zieht die Liebe, mit der Sie sich gegenseitig beschenkt haben und beschenken, nun weitere Kreise.

LIED   Liebe ist nicht nur ein Wort (EG 629[22])

Trauung

SCHRIFTLESUNG (1. Korinther 13)
> Wenn ich in den Worten der Menschen redete
> und sänge in der Sprache der Engel
> und hätte keine Liebe in mir,
> so wäre ich eine tönende Glocke
> oder eine gellende Schelle.
> Wenn ich prophetisch reden könnte
> und alle Geheimnisse wüsste
> und alle Weisheit der Welt besäße
> und wenn mein Glaube die Macht hätte, Berge
> zu versetzen,
> und keine Liebe wäre in mir,
> so wäre ich nichts.
> Wenn ich alle meine Habe den Armen gäbe
> und ginge für Christus ins Feuer
> und es wäre keine Liebe in mir,
> so nützte es mir nichts.

> Die Liebe ist langmütig und freundlich,
> sie kennt keine Eifersucht,
> sie treibt nicht Mutwillen,
> sie bläht sich nicht auf,
> sie handelt nicht ungehörig,
> sie sucht nicht ihren Vorteil,
> lässt sich nicht zum Zorn reizen,
> trägt das Böse nicht nach.
> Sie freut sich nicht über die Ungerechtigkeit,
> sie freut sich aber an der Wahrheit;

22 Alternativ kann EG 401,1–4 gesungen werden.

sie erträgt alles, sie glaubt alles,
sie hofft alles, sie duldet alles.
Die Liebe hört niemals auf,
obwohl doch alle menschliche Kenntnis von
Gott verwehen wird
und was Menschen von Gott geredet haben
und über ihn gedacht haben, aufhören wird.
Denn Stückwerk ist, was wir wissen,
Stückwerk, was wir über Gott reden.
Kommt aber das Vollkommene, so endet das Stückwerk.

Als ich ein Kind war,
da redete ich wie ein Kind, dachte wie ein Kind
und war klug wie ein Kind;
als ich aber erwachsen wurde, legte ich das kindliche
Wesen ab.
Jetzt sehen wir Gott wie durch einen trüben Spiegel,
fremd und rätselhaft,
dann aber von Angesicht zu Angesicht.
Jetzt erkenne ich stückweise;
dann aber werde ich erkennen, wie ich erkannt bin.
Nun aber bleiben Glaube, Hoffnung, Liebe, diese drei;
aber die Liebe ist die größte unter ihnen.

TRAUFRAGEN
Nachdem Sie gehört haben,
was im Sinne Gottes über die Liebe zu sagen ist,
frage ich Sie im Namen Gottes:
N. N. und N., geb. N.
wollen Sie Ihre Ehe miteinander als Geschenk begreifen,
das Ihnen von Gott gegeben ist,
wollen Sie diese Ehe deshalb
in Verantwortung gegenüber Gott führen
und füreinander und für die Ihnen anvertrauten
Menschen da sein,
sich gegenseitig stützen und zueinander halten
in guten und schweren Zeiten?

Wollen Sie gegenseitig Ihre Stärken erkennen
und Ihre Schwächen ertragen,
sich gegenseitig lieben und achten?
Wollen Sie offen bleiben füreinander
und für die Möglichkeiten und Gaben,
die in Ihnen stecken?

Dann antworten Sie gemeinsam: Ja, mit Gottes Hilfe!

Brautpaar: Ja, mit Gottes Hilfe!

RINGWECHSEL
Gebt einander die Ringe an die Hand
als Zeichen dafür, dass ihr eure Liebe,
die Gott euch zueinander geschenkt hat,
wertschätzen und bewahren wollt
in guten und in schweren Tagen.

TRAU- UND TAUFSEGEN
Der Herr sei vor euch, um euch euren Weg zu weisen
und euch in eine gute Zukunft zu führen.
Der Herr sei hinter euch, um euch zu beschützen
und euch von allem Belastenden zu befreien, das hinter
euch liegt.
Und der Herr sei über euch, um euch zu segnen,
damit euer Zusammensein gelingt und auch für andere
zum Segen wird.
So segne euch der gütige Gott, der Vater, der Sohn und
der Heilige Geist.
Amen.

LIED   Bis hierher hat mich Gott gebracht (EG 329)

FÜRBITTEN
>
> Herr, unser Gott,
> du hast uns von Kindesbeinen an
> mit deiner Liebe beschenkt
> und hast uns in der Taufe als deine Kinder angenommen.
> Wir danken dir für deine unendliche Liebe
> und deine immerwährende Treue.
>
> Wir bitten dich,
> dass du deine Liebe sich widerspiegeln lässt
> in der Ehe von N. N. und N. N.
> Schenke ihrer Liebe Beständigkeit,
> dass sie einander treu bleiben bis ins hohe Alter.
> Schenke ihnen Weisheit,
> dass sie ihre Liebe hochschätzen und pflegen,
> dass sie sich gegenseitig Raum geben zur Entfaltung.
>
> Wir bitten dich,
> dass du deine Liebe sich widerspiegeln lässt
> im Leben des kleinen N., den wir heute getauft haben.
> Schenke ihm deinen Geist,
> der voller Kraft ist und der doch auch zur
> Besonnenheit leitet.
> Segne ihn, damit er diesen Segen
> während seines Lebens weitergeben kann.
>
> Wir bitten dich,
> dass du deine Liebe sich wiederspiegeln lässt
> in den vielen Ehen auf dieser Welt.
> Schenke den Ehepaaren,
> deren Liebe abgenommen zu haben scheint,
> dass ihre Liebe wieder neu gestärkt wird und an
> Kraft gewinnt.
> Und schenke den Geist der Liebe,
> wo kein Zusammenleben mehr möglich ist,
> dass nicht Hass, sondern Respekt den weiteren
> Umgang prägen.

STILLE

VATERUNSER

KANON Ausgang und Eingang, Anfang und Ende (EG 175)

SEGEN

> Es segne euch Gott,
> der euch beschenkt hat
> mit eurer gegenseitigen Liebe.
> Er lasse euch in dieser Liebe wachsen und reifen,
> dass sie Früchte trage
> und vielen Menschen zum Segen werde.
> Amen.

AUSZUG MIT ORGELMUSIK

9

*Zusammen passen
und sich zusammenfügen*

Trauung zum Symbol
des Puzzles

Eingang

<small>MUSIK UND EINZUG DES BRAUTPAARES</small>

<small>BEGRÜSSUNG</small>

„Daß es eine Gegend gäbe, in die man unbedingt gehörte, einen Ort, in den man so genau hineinpaßt wie das
eine fehlende Teil des Puzzle-Spiels: und nur, wenn man
dort ist, ist die Landschaft vollständig"[23]. Dieser von der
Kasseler Schriftstellerin Ingrid Mylo formulierte Wunsch
nach einem Ort, zu dem man ganz und gar gehört, hat
zwei junge Menschen heute hierher geführt, um von nun
an das Leben miteinander zu teilen. Sie wollen sich
gemeinsam auf die Suche nach einem solchen Ort
machen, in den Sie gemeinsam hineinpassen. Und so soll
das Puzzle-Spiel für uns zum Symbol werden für das
Zusammenleben von N. N. und N. geb. N., die heute
im Kreis ihrer Familien und Freunde und vor Gottes
Angesicht sich versprechen, ihr Leben lang beieinander
zu bleiben und sich zu ergänzen wie zwei Puzzle-Teile.

<small>LIED</small>   Nun danket alle Gott (EG 321)

<small>PSALM 100</small>

Jauchzet dem Herrn, alle Welt!
Dienet ihm mit Freuden
und kommt vor sein Angesicht mit Frohlocken!
Erkennt, dass der Herr der Schöpfer ist,

---

23 Ingrid Mylo, Kaffeeblüten, Kassel 1994, 86.

der uns zusammengeführt hat
und uns zu Schafen seiner Weide gemacht hat.
Jauchzet dem Herrn, alle Welt!
Dienet ihm mit Freuden
und gehet zu seinen Toren ein mit Danken!
Gehet in sein Haus mit Loben,
danket ihm und preist seinen Namen!
Denn der Herr ist freundlich,
und seine Gnade währet ewig
und seine Wahrheit für und für.

LIEDRUF Lobe den Herren, der alles so herrlich regieret
(EG 316,2)

GEBET

Herr, unser Gott,
voller Aufregung und innerer Anspannung sind wir hier
und bitten dich um deinen Segen
für das Zusammenleben zweier Menschen.
Wir danken dir,
dass du sie zusammengeführt hast
und dass sie zusammenpassen wie zwei Teile eines Puzzles.
Schenke du uns nun in dieser Stunde
Ruhe und Gelassenheit,
damit wir dein Wort hören und bewahren.
Amen.

Verkündigung

ANSPRACHE

Der Wunsch nach einem gesegneten Zusammenleben in der Ehe
Sie, liebes Brautpaar, sind heute in diese Kirche gekommen, weil
Sie sich am Beginn ihrer Ehe den Segen Gottes zusprechen lassen
wollen. Und Sie, die Sie als Gäste heute hier sind, wünschen sich,
dass die Ehe dieser beiden jungen Menschen gesegnet sein soll.
Und das heißt doch nichts anderes, als dass dieses Paar in den Jahren des gemeinsamen Lebens das bewahrt, was es schon heute

auszeichnet: Dass sie zusammenpassen, sich gegenseitig ergänzen und sich vor allem in Liebe so verbunden bleiben wie am heutigen Tag.

Passend zu diesem Gedanken haben Sie sich Ihren Trauspruch aus 1. Korinther 13 ausgewählt: „Nun aber bleiben Glaube, Liebe, Hoffnung, diese drei; aber die Liebe ist die größte unter ihnen." Die Liebe ist das Wichtigste; das gilt ganz besonders für eine Ehe, wenn sie gelingen soll. Mit Ihrer Trauung bekennen Sie sich zu Ihrer gegenseitigen Liebe und wollen diese Liebe leben bis ins hohe Alter.

Jahreszeiten der Liebe

Während des gemeinsamen Lebensweges werden Sie durch die Jahreszeiten der Liebe hindurchgehen. Diese gemeinsam zu erleben, wünsche ich Ihnen. Damit das gelingt, müssen Sie in guten und schweren Zeiten zueinander halten. In dieser Zeit wird sich Ihre Liebe zueinander verändern. Hat sie zu Beginn Ihrer Beziehung vielleicht Ihr Leben und Ihre Gedanken so sehr bestimmt, dass das Studium manchmal zu kurz kam, so ist die Liebe jetzt – wie ich vermute – ruhiger geworden. Es gibt eben so etwas wie die Jahreszeiten der Liebe. Und das anfängliche Verliebtsein macht einer Zeit Platz, in der Mann und Frau von der Gewissheit der Liebe des anderen getragen werden. Und dann gibt es die Phase, in der Sie vielleicht Kinder bekommen und in der Ihre Liebe Kreise zieht. Da heißt es, zusammenstehen und nach einem gemeinsamen Erziehungsstil suchen. Irgendwann kommt dann die Jahreszeit der Liebe, in der Sie wieder zu zweit sind. Das kann sicherlich eine ganz erfüllte Zeit werden, wenn Sie über die aktive Elternschaft Gemeinsamkeiten gerettet haben, wie Freunde, gemeinsame Hobbys und vielleicht bei Ihnen eine gemeinsame Arbeitsstelle. Und dann kommt die Zeit, in der Sie nicht mehr Ihren Beruf ausüben werden. Dann haben Sie noch viel mehr gemeinsame Zeit. Vielleicht beginnen Sie sich dann an den Schrullen des Partners zu ärgern. Oder Sie erkennen, dass Sie den anderen gerade wegen seiner Besonderheiten lieben.

Zusammenpassen wie zwei Teile eines Puzzles

Diese Jahreszeiten der Liebe gemeinsam zu erleben, wünsche ich Ihnen. Sie haben dafür gute Voraussetzungen, wie ich aus unserem Gespräch neulich herausgehört habe. Sie haben schnell gespürt, dass Sie zusammenpassen. Sie hatten das gleiche Studienfach und nun haben Sie den gleichen Beruf, nach fast zeitgleichen Examina. Auch mit Ihren ersten Stellen hat es so gut geklappt, dass man nicht mehr von Zufall reden will. Sie sind wie füreinander gemacht. Sie haben ähnliche Lebensentwürfe und Vorstellungen, wie eine Partnerschaft gestaltet werden soll. Mir fiel das Bild des Puzzles ein, als Sie von Ihrem Kennenlernen sprachen. Zwei Teile, die ganz genau ineinander passen und sich ergänzen. Das Puzzle ist ein schönes Symbol für eine Liebesbeziehung. Dort, wo das eine Teil eine Ausbuchtung hat, da hat das andere eine entsprechend geformte Delle und umgekehrt. Genauso müssen sich in einer Partnerschaft beide manchmal zurücknehmen und dann auch wieder ihre Bedürfnisse ansprechen, so dass es zu einem gegenseitigen Geben und Nehmen kommt.

Und dann fällt mir am Bild des Puzzles auf, dass zwei Teile, die zusammenpassen, zugleich Teil eines Ganzen sind. Auch Sie werden nicht isoliert von anderen Ihre Beziehung leben. Wir hatten ja schon von möglichen Kindern gesprochen, aber darüber hinaus gibt es vielfältige Verflechtungen in die Sie manchmal auch jeweils einzeln versponnen sind: Der beste Freund, die beste Freundin vielleicht oder die eigene Ursprungsfamilie, eine Unternehmung ohne den Partner, die Menschen mit denen Sie beruflich zu tun haben. Und in diesem ganzen Lebenspuzzle wollen Sie Ihre Zugehörigkeit zueinander leben.

Hoffnung auf eine gelingende gemeinsame Zukunft

Die Jahreszeiten der Liebe gemeinsam zu erleben, wünsche ich Ihnen. Damit Ihnen das gelingt, ist es wichtig, dass Sie beide Ihre Beziehung pflegen. Aber darüber hinaus bedürfen Sie des Segens Gottes. Denn dass eine Ehe gelingt, ist einfach nicht selbstverständlich und trotz allem, was wir selbst dazu beitragen können, liegt es letztlich nicht in unserer Hand. Aber der, der Sie beide füreinander geschaffen hat, der kann auch darauf achten, dass Sie beieinander bleiben in den guten und schweren Zeiten Ihres Lebens und dass Sie immer zusammenpassen wie zwei ineinander verzahnte Puzzleteile.

„Nun bleiben Glaube, Hoffnung, Liebe, diese drei; die Liebe aber ist die größte unter ihnen." Dem anderen glauben, ihm vertrauen ist wichtig in der Ehe. Die Hoffnung auf eine gelingende Zukunft bildet sicher die Grundlage für Ihren Entschluss, dass Sie heute heiraten. Aber die Liebe ist das Allerwichtigste für eine gelungene Partnerschaft. Sie ist bei Ihnen schon gewachsen und gereift. Dass Sie gemeinsam auch die übrigen Jahreszeiten der Liebe durchleben, wünsche ich Ihnen von Herzen.

LIED   Herr, vor dein Antlitz treten zwei (EG 238)

Trauung

SCHRIFTLESUNG (1. Mose 1,1.27–28a.31a und Matthäus 19,4–6)
   Am Anfang, als Gott Himmel und Erde schuf,
   da schuf er auch den Menschen zu seinem Bilde.
   Und er schuf sie als Mann und Frau.
   Und Gott segnete sie und sprach zu ihnen:
   Seid fruchtbar und mehret euch,
   damit die Erde angefüllt sei und ihr mit euren Kindern
   für sie sorgen könnt.
   Und als Gott sah, was er gemacht hatte, da war es sehr gut.
   Jesus Christus spricht:
   Gott, der am Anfang den Menschen
   als Mann und Frau schuf, sprach (1. Mose 2,24):
   „Darum wird ein Mann Vater und Mutter verlassen
   und seiner Frau anhängen, damit die zwei ein Fleisch
   werden."
   So sind sie nun nicht mehr zwei Einzelne,
   sondern sind zu einem gemeinsamen Ganzen
   zusammengesetzt.
   Was nun Gott zusammengefügt hat, das soll der
   Mensch nicht scheiden!

ZUSTIMMUNG
   Nachdem wir das Wort der Heiligen Schrift
   gehört haben,
   frage ich euch vor Gott und seiner Gemeinde:

N. N., willst du N., geb. N. als deine Ehefrau
und als dein dir aus Gottes Hand gegebenes Gegenüber
annehmen,
sie lieben und ehren, in Freude und Leid zu ihr stehen,
bis der Tod euch scheidet, so antworte: Ja.

Bräutigam: Ja.

N., geb. N., willst du N. N. als deinen Ehemann
und als dein dir aus Gottes Hand gegebenes Gegenüber
annehmen,
ihn lieben und ehren, in Freude und Leid zu ihm stehen,
bis der Tod euch scheidet, so antworte: Ja.

Braut: Ja.

RINGWECHSEL

Gebt einander die Ringe an die Hand
als ein Zeichen eurer Hoffnung,
dass ihr zusammenpasst und zusammengehört
wie zwei Teile eines Puzzles
und dass eure Liebe und Treue bestehen bleiben.

GEBET

Du Gott des Lebens,
du hast uns Menschen geschaffen als Mann und Frau,
damit wir einander ergänzen und zu einem
Gegenüber werden.
Wir danken dir, dass du N. und N. N. zueinander
geführt
und ihnen ihre Liebe zueinander geschenkt hast.
Wir bitten dich für sie, dass sie beieinander bleiben
und einander ihr Leben lang ergänzen wie zwei Teile
eines Puzzles.
Lass an ihrer Liebe deine Liebe deutlich werden,
damit sie anderen zum Segen werden.
Amen.

TRAUSEGEN

Gott geleite euch heute
und an den Tagen, die kommen werden.

Er lasse euch verbunden bleiben
und schenke euch,
dass ihr einander euer Leben lang ergänzt.
Er bewahre eure Ehe und erhalte eure Liebe.
Amen.

LIED   Du hast uns, Herr, in dir verbunden (EG 240)

Gebet und Segen

FÜRBITTEN
Du Gott des Lebens, du hast uns füreinander geschaffen,
damit wir füreinander da sind
und sich in unserer Liebe deine Liebe spiegelt.
Wir bitten dich für das Ehepaar,
das sich heute in deinem Hause versprochen hat,
einander zu lieben und sich treu zu sein ihr Leben lang:
Gib ihnen Kraft, an ihrer Ehe zu arbeiten,
schenke ihnen den Mut,
ihre jeweiligen Wünsche und Bedürfnisse zu benennen,
damit sie sich dauerhaft ergänzen und ein
Gegenüber bleiben.
Wir bitten dich für die Ehepaare hier unter uns,
aber auch auf der ganzen Welt:
Stärke sie in ihrem Zusammensein,
lass ihre Liebe wieder groß werden
und alles besiegen, was sich an Trennendem
eingeschlichen hat.
Wir bitten dich auch für die Ehen,
die auseinander zu brechen drohen,
weil Verletzung und Bitterkeit die Gemeinsamkeit
zerstört:
Heile die tiefen Wunden,
die sich nur Liebende zufügen können
und füge wieder zusammen,
was sich in deinem Namen einst verbunden hat.
Wir bitten dich für die gescheiterten Ehen:

Schenke den Getrennten die Kraft,
sich dennoch im Sinne der Liebe zu begegnen.
Und schenke Versöhnung,
die alles Trennende überwindet.

STILLES GEBET

VATERUNSER

LIED   Herz und Herz vereint zusammen (EG 251,1–2.7)

SEGEN
Es segne euch Gott,
der euch füreinander geschaffen
und euch zusammen geführt hat.
Er segne euer Tun und Lassen
und euer Lachen und Weinen
heute und morgen und an den Tagen, die kommen.
Amen.

MUSIK UND AUSZUG DES BRAUTPAARES

10

*Ein gemeinsames
Leben gestalten*

Trauung zum Symbol
des Buches

Eingang

Orgelspiel und Einzug des Brautpaares

Lied   Zieh ein zu deinen Toren (EG 133,1–2.7)

Begrüssung

Psalm 104
   Ich lobe dich, Gott!
   Denn du bist groß
   und prachtvoll ist der Mantel, der dich kleidet.
   Du spannst das Firmament über uns wie ein Zelt
   und versorgst das Erdreich mit Leben spendendem
   Wasser.
   Du lässt Gras wachsen zur Nahrung der Tiere
   und Saat aufgehen mithilfe unserer Hände Arbeit,
   dass du Brot aus der Erde hervorbringst
   und der Wein erfreue des Menschen Herz.
   Deine Herrlichkeit bleibe in Ewigkeit,
   dass du dich an dem Werk deiner Hände erfreuen
   kannst.
   Deshalb will ich dir singen mein Leben lang
   und vor dir fröhlich sein, solange ich bin.

Lied   Du meine Seele, singe (EG 302,1–3)

Der Wunsch, das Leben gemeinsam zu gestalten

Liebes Brautpaar,

ihr seid heute hier in dieser Kirche, weil ihr den Beginn eurer Ehe unter den Segen Gottes stellen wollt. Vor Gott und vor Menschen, die euch wichtig sind, wollt ihr deutlich machen: Ab heute gehören wir zusammen und wollen unser Leben gemeinsam gestalten bis an das Ende unserer Tage.

Zu eurem Traugottesdienst habt ihr eine Reihe von Freunden, eure Eltern und Verwandte eingeladen. Und die sind gekommen, weil sie sich mit euch freuen und an eurem Glück teilhaben wollen. Und sie sind sicher auch da, weil sie euch beiden alles Gute wünschen für die gemeinsame Ehe. Und so feiern wir diesen Gottesdienst, weil wir für euch den Segen Gottes erbitten wollen.

Dieser göttliche Segen beginnt für euch aber nicht erst an diesem Tag. Er hat sich schon gezeigt, als ihr euch kennen gelernt habt, als dann aus dem gegenseitigen Interesse Liebe erwuchs. Ihr wurdet gesegnet, als der Entschluss, ein Paar zu sein und zusammenzuziehen sich als gut und richtig erwies. Und vor allem habt ihr den Segen Gottes erlebt, als ihr vor wenigen Monaten euren Sohn bekamt, einen gesunden und fröhlichen Jungen, der euer Leben bereichert und über den man immer wieder nur staunen kann, wenn er mitten im Getümmel auf einer Wiese liegend einschläft, wie ich das am vergangenen Sonntag miterlebt habe.

Zwei sind besser daran als einer

Weil es so ein Segen für euch ist, dass ihr euch als Paar gefunden habt, und weil ihr nun seit einigen Monaten sogar zu dritt seid, habt ihr euch als Trauspruch Worte des alttestamentlichen Predigers ausgesucht, in denen die Zweisamkeit und schließlich auch die Dreisamkeit gepriesen wird (Prediger 4,9–12):

Zwei sind besser daran als einer.
Sie haben doch einen guten Lohn für ihre Mühe.
Wenn einer fällt, so hilft ihm der andere auf.
Weh dem, der allein ist!

Wenn er fällt, ist kein anderer da,
ihm aufzuhelfen.
Und liegen zwei beieinander, so haben sie es warm.
Wie aber soll ein einzelner warm werden?
Und mag einer auch den Einzelnen überwältigen,
zwei halten ihm stand,
und gar die dreifache Schnur
reißt nicht leicht entzwei.

Ganz nüchtern wird hier festgestellt, dass zwei, die zusammenhalten, es besser haben als ein einzelner. Dahinter steht Lebenserfahrung und ganz praktische Klugheit. Zwei haben es leichter als ein einzelner. Das gilt für das gut eingespielte Team, das jede Aufgabe leichter bewältigen kann. Auch zwei Wanderer haben es leichter; sie können sich gegenseitig aufhelfen, wenn einer stürzt. Zu zweit ist man sicherer, wenn man überfallen wird. Und natürlich kann man auch zu zweit den Lebensweg oft besser bewältigen. Es ist schöner, zu zweit im Bett zu liegen, als alleine. Vor allem in kalten Winternächten, kann man sich so gegenseitig Wärme spenden.

Als Paar mit einem Dritten im Bunde

Das Lob der Zweisamkeit bezieht sich auf ein Paar, weshalb ihr es zu eurem Trauspruch gewählt habt. Und doch wird hier nicht nur die Paarbeziehung, sondern auch die Freundschaft oder das Zusammenstehen in einem Team benannt. Bei euch treffen nun diese beiden Dimensionen zusammen: Ihr seid ein Paar und zugleich seid ihr auch ein Team, das beruflich miteinander verbunden ist, weil ihr den gleichen Beruf habt. Der berufliche Horizont war von Beginn an wichtig, weil ihr euch auf einer Fachtagung kennen gelernt und dann zu gegebener Zeit auf der Frankfurter Buchmesse wiedergesehen habt. Aber auch in eurer Zukunftsplanung spielt der gemeinsame Beruf eine Rolle, auch wenn ihr das eher voller Hoffnung auf euch zukommen lassen wollt, als es jetzt schon detailliert zu planen.

Und doch seid ihr nicht nur ein Paar, sondern seid zu dritt. Ihr seid eine Familie, denn euer Sohn ist wie der Dritte im Bunde. Und das kann eure Beziehung nur noch mehr festigen oder wie es in eurem Trauspruch heißt: Eine dreifache Schnur, reißt nicht leicht entzwei. Es ist gut, wenn eine Beziehung nicht an einem

Faden allein hängt, denn aus je mehr Fäden eine Beziehung geknüpft ist, desto mehr Druck hält sie aus.

Auch beruflich werdet ihr nicht allein sein. Noch ist es ja nicht euer Los, miteinander arbeiten zu müssen. Aber in nicht allzu ferner Zukunft, wollt ihr doch auch zusammen etwas aufbauen, wobei ihr dann – so habt ihr es zumindest angedacht – wieder zu dritt seid: „Eine dreifache Schnur reißt nicht schnell entzwei".

Die Gestaltung eines Buches als Bild für das gemeinsame Leben

Wenn ein Typograph und eine angehende Typographin heiraten, deren Tätigkeit ja meist mit der Gestaltung von Texten und Büchern zusammenhängt, dann liegt es nahe, die Gestaltung des gemeinsamen Lebens in den Blick zu nehmen. Mit eurer Hochzeit macht ihr deutlich, dass ihr euer Leben von nun an gemeinsam gestalten wollt. Eine solche Lebensgestaltung vollzieht sich ja in vielen Etappen, so wie sich die Gestaltung eines Buches auch über einen gewissen Zeitraum erstreckt. Das Buch eurer Beziehung zu gestalten ist aber natürlich eine lebenslange Aufgabe. Ich wünsche euch, dass dieses Buch einen festen und zugleich schönen Umschlag besitzt, der den kostbaren Inhalt schützt und die Erinnerung bewahrt. Auch wenn dieses Buch mal im Affekt zugeschlagen wird, soll der Umschlag immer wieder dazu verlocken, das Buch erneut zu öffnen, um die nächsten Seiten zu gestalten.

In dem Buch eurer Beziehung gibt es heute schon viele gestaltete Seiten. Ganz kostbare Erinnerungen sind darin. Die erste Begegnung habe ich schon benannt. Dann hat der erste Kuss seinen Ort, die erste Liebesnacht, das erste gemeinsame Frühstück. Der Einzug in die gemeinsame Wohnung. Dann haben in dem Buch eurer Paarbeziehung noch andere Menschen Platz, eure Familien, die noch vor wenigen Jahren nichts voneinander wussten und nun durch euch zusammen gehören. Viele Seiten sind allein gefüllt mit dem Erlebnis der Schwangerschaft und der Geburt eures Sohnes und mit der ungeheuren Entwicklung, die ihr an ihm wahrnehmen konntet, seit er geboren wurde.

Bewahrt diese kostbaren Erinnerungen auf. Sie sind wichtig, damit ihr euch eure Liebe erhaltet über die Jahre hinweg. Es wird euch gut tun, immer wieder die frühen Seiten im Buch eurer Paarbeziehung aufzuschlagen. In eurem Trauspruch heißt es,

„zwei sind besser dran als einer. Sie haben doch einen guten Lohn für ihre Mühe." Die Beziehung zu einem anderen Menschen kostet, wie es hier heißt, auch Mühe. Ihr wisst, dass ihr an eurer Partnerschaft arbeiten müsst. Es gehört dazu, dass ihr euch immer wieder aneinander reibt. Aber es gehört auch zur Arbeit in einer Liebesbeziehung, dass man sich immer wieder daran erinnert, wie ihr euch zum ersten Mal gesagt habt: „Ich liebe dich" oder wie ihr euch zum ersten Mal um den Hals gefallen seid.

Gott als der Dritte im Bunde
Nun heißt es ja in eurem Trauspruch, dass es zwei besser haben als einer allein. Aber noch besser ist das dreifache Band, weil es den Zweien noch einen größeren Halt gibt. Es wird eurer Beziehung gut tun, wenn ihr immer wieder in den verschiedenen Lebensbereichen so einen Dritten im Bunde habt. Ich wünsche euch, dass ihr neben eurem Sohn, neben dem Kollegen und neben einem guten Freund oder einer guten Freundin in Gott einen solchen Gefährten habt, der als Dritter zu eurer Zweisamkeit hinzutritt. Sein Segen gebe eurer gemeinsamen Lebensgestaltung die Festigkeit, die sie braucht. Dann kann das Buch eurer Beziehung mit lauter gelungenen Seiten angefüllt und bis zur letzten Seite beschrieben werden.

LIED   Ich weiß, mein Gott, dass all mein Tun (EG 497,1–2.5)

Trauung

SCHRIFTLESUNG (1. Mose 1,1.27–28a.31a und Matthäus 19,4–6)
     Am Anfang, als Gott Himmel und Erde schuf,
     da schuf er auch den Menschen zu seinem Bilde.
     Und er schuf sie als Mann und Frau.
     Und Gott segnete sie und sprach zu ihnen:
     Seid fruchtbar und mehret euch,
     damit die Erde angefüllt sei und ihr mit euren
     Kindern für sie sorgen könnt.
     Und als Gott sah, was er gemacht hatte, da war es
     sehr gut.

Jesus Christus spricht: Gott, der am Anfang den Menschen
als Mann und Frau schuf, sprach (1.Mose 2,24):
„Darum wird ein Mann Vater und Mutter verlassen
und seiner Frau anhängen, damit die zwei ein Fleisch werden."
So sind sie nun nicht mehr zwei Einzelne,
sondern sind zu einem gemeinsamen Ganzen geworden.
Was nun Gott zusammengefügt hat, das soll der Mensch nicht scheiden!

TRAUFRAGEN

Nachdem wir das Wort der Heiligen Schrift
gehört haben,
frage ich euch vor Gott und seiner Gemeinde:
N. N., willst du N., geb. N.,
die Gott dir als deine Ehefrau anvertraut,
lieben und ehren und mit ihr euer gemeinsames Leben
nach Gottes Gebot und Verheißung gestalten?
Willst du bei ihr bleiben in guten und in bösen Tagen,
bis der Tod euch scheidet, so antworte: Ja, mit Gottes Hilfe.

Bräutigam: Ja, mit Gottes Hilfe.

N., geb. N., willst du N. N.,
den Gott dir als deinen Ehemann anvertraut,
lieben und ehren und mit ihm euer gemeinsames Leben
nach Gottes Gebot und Verheißung gestalten?
Willst du bei ihm bleiben in guten und in bösen Tagen,
bis der Tod euch scheidet, so antworte: Ja, mit Gottes Hilfe.

Braut: Ja, mit Gottes Hilfe.

TRAUSEGEN

Gott segne euch.
Er bewahre euch eure Liebe zueinander
und eure Treue füreinander.

Er schenke euch Weisheit
für die Gestaltung eurer Beziehung
und eures gemeinsamen Lebens.
Er beschütze eure gemeinsamen Wege.
So segne euch Gott,
heute, morgen und an allen Tagen, die kommen.
Amen.

Lied   Lobe den Herren, den mächtigen König der Ehren (EG
316,1–3)

Fürbitten

Gott, wir bitten dich für die beiden Menschen,
die heute vor deinem Angesicht versprochen haben,
ihr Leben von nun an miteinander zu gestalten:
Dass sie glücklich werden in ihrer Ehe
und die schönen Zeiten ihres Lebens
von ganzem Herzen genießen können.
Dass ihr gemeinsames Eheleben angefüllt sei
mit Liebe und gegenseitigem Vertrauen.
Dass sie die Andersartigkeit des anderen respektieren,
gegenseitig Kompromisse eingehen
und die Schwäche des anderen ertragen.

Gemeinsam bitten wir: Kyrie Eleison

Gott, wir bitten dich für die beiden Menschen,
die heute vor deinem Angesicht versprochen haben,
ihr Leben von nun an miteinander zu gestalten:
Dass sie in ihrem Sohn einen Dritten haben,
der ihr Leben vertieft und bereichert.
Dass sie weiterhin Zeit finden für alle,
die sie bis hierhin begleitet haben:
für ihre Eltern, Geschwister
und alle anderen in ihrer großen Familie,
für ihre Freunde und für alle,
die sie in ihrem Leben geprägt
und unterstützt haben.

Gemeinsam bitten wir: Kyrie Eleison

Gott, wir bitten dich für alle Menschen,
die sich einst versprochen haben,
ihr Leben von nun an miteinander zu gestalten:
Dass sie weiterhin zusammen stehen
und Freude und Leid miteinander teilen.
Dass sie sich nicht gleichgültig werden,
sondern sich über die Einzigartigkeit des Partners,
der Partnerin freuen.

Gemeinsam bitten wir: Kyrie Eleison

Gott, wir bitten dich für alle Menschen,
die allein durch das Leben gehen:
Dass sie nicht verbittert werden
oder einsam und ohne Ansprache leben müssen.
Wir bitten dich für die,
die in ihren Familien keine Stabilität und
Verwurzelung finden:
Dass ihnen Menschen zur Seite stehen
und Freunde nahe sind.
Amen.

Abendmahl

LIED   Kommt her, ihr seid geladen (EG 213,1–3)

WECHSELGRUSS (gesungen)
    Liturg: Der Herr sei mit euch
    Gemeinde: Und mit deinem Geiste.
    Liturg: Erhebet eure Herzen.
    Gemeinde: Wir erheben sie zum Herren.
    Liturg: Lasst uns danksagen dem Herrn, unserm Gott
    Gemeinde: Das ist würdig und recht.

PRÄFATION
    Ja, es ist recht, dir zu danken,
    es ist gut, dich zu preisen, heiliger Gott, du Vater
    des Lebens,

wir loben dich im Namen deines Sohnes Jesus Christus.
Wir danken dir, dass du uns an deinem Tisch vereinigst,
und uns Kraft schenkst, immer wieder einen Neuanfang
zu wagen.

Darum preisen wir dich mit allen deinen Geschöpfen
und singen mit ihnen das Lob deiner Herrlichkeit:

LIEDRUF Heilig, heilig, heilig (EG 185,3)

EINSETZUNGSWORTE

VATERUNSER

AGNUS DEI (EG 190,2)

WANDELKOMMUNION

DANKGEBET
Herr, unser Gott, wir haben dein Wort vernommen
und wurden von Brot und Wein gestärkt.
Dafür danken wir dir.
Lass uns das Mahl an deinem Tisch ein Zeichen sein,
dass du es bist,
der unser Leben auf wundersame Weise gestaltet.
Deshalb sei bei uns auf unseren Wegen,
richte uns auf, wo wir fallen,
stärke uns, wo wir verzagen,
sei uns nahe und segne uns,
dass unsere Namen dereinst geschrieben sind
im Buch des Lebens.
Amen.

Segen

LIED Lass uns in deinem Namen, Herr, die nötigen Schritte
tun (EG 614[24])

---

24 EG 658 im Regionalteil der Ev. Kirche im Rheinland, der Ev. Kirche von Westfalen und der Lippischen Landeskirche sowie der Ev.-reformierten Kirchen in
Bayern und Nordwestdeutschland und der Ev.-altreformierten Kirche in Niedersachsen. EG 634 im Regionalteil der Ev.-Lutherischen Kirchen in Bayern und
Thüringen. EG 577 im Regionalteil der Nordelbischen Ev.-Lutherischen Kirche.

SEGEN

> Es segne euch Gott,
> der eure Herzen lenkt
> und euer Tun und Lassen
> gelingen lässt.
> Er segne euch
> in der Gestaltung eures gemeinsamen Lebens
> und lasse euch zum Segen werden für viele.
> Amen.

AUSZUG MIT ORGELNACHSPIEL

11 „Komm, bau ein Haus"

Trauung zum Symbol
des Hausbaus

Eingang

EINZUG MIT ORGELMUSIK

LIED   Tut mir auf die schöne Pforte (EG 166,1–3)

BEGRÜSSUNG

PSALM 15

Wer kann bleiben in Gottes Haus
und wohnen an der Stätte, an der sein Name wohnt?
Nur wer ohne Fehl ist und tut, was recht ist
und dessen Herz durchdrungen ist von der Wahrheit.
Wer kann bleiben in Gottes Haus
und wohnen an der Stätte, an der sein Name wohnt?
Wer keine Lügen verbreitet,
seinen Nächsten nicht verleumdet
und keine bösen Gerüchte streut.
Wer kann bleiben in Gottes Haus
und wohnen an der Stätte, an der sein Name wohnt?
Wer solidarisch ist mit denen, die Gott achten
und wer sich treu bleibt in dem,
was er sich selbst geschworen hat.
Wer kann bleiben in Gottes Haus
und wohnen an der Stätte, an der sein Name wohnt?
Wer sich nicht kaufen lässt
und keine Vergünstigungen annimmt,
sondern standhaft bleibt.
Der braucht die Nähe Gottes nicht zu fürchten
und darf bleiben an der Stätte, an der sein Name wohnt.

LIEDRUF Lass dich, Herr Jesu Christ, durch mein Gebet bewegen (EG 496)

GEBET

Wir sind heute zu dir gekommen, Gott,
um dich darum zu bitten,
dass du zu uns kommst mit deiner segnenden Gegenwart.
Wir bitten dich für das gemeinsame Leben
von N. N. und N., geb. N.,
die sich heute miteinander verbinden.
Lass ihre Beziehung wachsen in den Jahren, die kommen,
dass sie immer neue Perspektiven entwickeln
und gemeinsam immer wieder neue Räume erschließen.
Wir bitten dich, dass du nun unter uns bist,
damit wir auf dein Reden hören können.
Amen.

LIED Komm, bau ein Haus, das uns beschützt (EG 589[25])

Verkündigung

ANSPRACHE

Liebe, wie sie sein sollte

Liebes Brautpaar, liebe Brauteltern, liebe Verwandte und Freunde, heute ist es nun soweit, N. N. und N., geb. N. geben sich das Jawort hier in der Kirche vor ihren Verwandten, ihren Freunden und Bekannten. Vor allem aber geben sie sich dieses Jawort vor dem Angesicht Gottes. Seinen Segen wollen wir für das Brautpaar erbitten und darüber nachdenken, was eine gute Partnerschaft auszeichnet. Wir tun dies, indem wir über einen Bibelvers aus dem 13. Kapitel des 1. Korintherbriefes nachdenken, wo es heißt:

---

25 Alternativ kann EG 496 gesungen werden.

Die Liebe handelt nicht ungehörig,
sie sucht nicht ihren Vorteil,
lässt sich nicht zum Zorn reizen,
trägt das Böse nicht nach.

Hier wird die Liebe beschrieben, wie sie sein sollte. Mit wenigen
Worten wird ein Plan skizziert, wie ein Paar gemeinsam leben
soll. Keiner von beiden soll gegen die Regeln handeln, wie es sich
für ein Liebespaar gehört. Keiner soll also aus der Liebe ausbre-
chen, dem anderen etwas zumuten, was schmerzt oder betrübt.
Liebe sucht nicht ihren Vorteil. Keiner soll also nur sich selbst auf
Kosten des Partners verwirklichen, nicht seine Eigeninteressen
höher einschätzen als das gemeinsame Wohl.

Liebe lässt sich nicht zum Zorn reizen. Bei Meinungsverschie-
denheiten oder den Spannungen, die beim Zusammenleben zweier ganz unterschiedlicher Menschen auftreten können, ja müssen,
soll der Zorn nicht die Liebe verdunkeln. Nun hat ja so ein Zor-
nesausbruch meist eine Vorgeschichte und es wäre verkehrt, nur
den Zorn an sich aus der Liebesbeziehung zu verbannen. Zorn
entsteht, weil irgendetwas schon lange quer lag und immer wieder
unausgesprochen heruntergeschluckt wurde. Zorn ist so etwas
wie ein aufgestauter See, dessen Fluten sich bei einem Damm-
bruch in einem Schwung ergießen. Wenn der Zorn keinen Platz
haben soll in einer Liebesbeziehung, dann muss um so mehr
Raum sein für Gespräche und für Rituale, damit der kleine Ärger
geäußert werden kann. Es braucht möglichst feste Zeiten im
Tages- und Wochenablauf, damit alles geäußert werden kann, was
heruntergeschluckt wurde. Dann braucht sich auch nichts aufzu-
stauen, was in einem Wutausbruch dann allzu heftig geäußert
wird. Wenn es aber dann doch dazu kommt, dass der eine den
anderen Partner verletzt, dann ist die Liebe nicht nachtragend. Sie
vergibt das, was ihr an Unrecht angetan wurde.

Liebe als Lebensaufgabe

So soll die Liebe sein und so wünschen sich N. N. und N., geb.
N. offenbar ihre Beziehung. Und doch werden auch Sie darum
wissen, dass eine Liebesbeziehung nicht immer so vollkommen
ist. Es ist eine Lebensaufgabe für ein Ehepaar, diese Liebe zu ver-
vollkommnen. Es ist wie bei dem Bau eines Hauses. Sie brauchen

zunächst die Idee, wie das künftige Gebäude Ihrer Beziehung aussehen soll. Diese Idee haben Sie sich heute schon gewählt mit ihrem Trauspruch. Aber dann muss aus der Idee ein Plan werden. Sie brauchen für das Gebäude Ihrer Beziehung einen Bauplan, das wissen Sie als Architekten sicher viel besser als ich. Und dann muss Schritt für Schritt das Haus gebaut werden, Geschoss für Geschoss. Einiges davon liegt schon hinter Ihnen, beginnt doch Ihr gemeinsamer Lebensweg nicht erst heute und leben Sie doch schon seit mehreren Jahren zusammen.

Der Hausbau als Bild für die Liebe

Bei einem Brautpaar, das sich am ersten Tag des Grundstudiums Architektur kennen lernte, das gemeinsam dieses Studium absolvierte und heute an unterschiedlichen Orten dem Beruf des Architekten nachgeht, liegt es nahe, den Hausbau und ein Haus zum Bild für Ihre Partnerschaft zu wählen, die heute in eine neue Phase tritt.

Ich sehe immer gerne zu, wie ein Haus gebaut wird. Zunächst ahnt man bei der Einmessung nur, dass auf einem bisher leeren Grundstück bald der Bau eines Hauses beginnen soll. So war das ja auch bei dem Beginn Ihrer Liebe. Ein paar Anzeichen sprachen schon bald nach dem Studienbeginn dafür, dass Sie füreinander mehr waren als Studienkollegen. Ganz zart deutete sich an, dass zwischen Ihnen beiden sich ein Liebesband knüpfte. Wer hat damals aber schon geahnt, dass aus diesen Anfängen sich eine Partnerschaft fürs Leben entwickeln würde? Vielleicht haben noch nicht einmal Sie selbst daran gedacht. Beim Hausbau kommt nach den ersten Anfängen die Zeit, in der die Bagger anrücken und die Baugrube ausschachten. Bei einer jungen Liebe gibt es so etwas Ähnliches ja auch und wird umgangssprachlich als Baggern benannt. In diesem Fall war es eine Postkarte aus Spanien mit spanischen Liebessprüchen, die nach der Übersetzung richtig gedeutet wurden. Nun konnte das Fundament gelegt werden, ein gutes und tragfestes, auf dem dann nach und nach aufgebaut werden konnte.

Liebe bleibt stets im Aufbau begriffen

Eine Liebe verändert sich im Laufe der Jahre ja immer und bleibt stets im Aufbau begriffen. Stein muss auf Stein gesetzt werden und alles muss durch die Liebe miteinander in Beziehung stehen. Was waren die ersten Steine bei Ihnen? Dazu gehörte sicherlich das erste gemeinsame Ausgehen, der erste Kino- oder Theaterbesuch, der erste Kuss. Es folgten wichtige und tiefe Gespräche und irgendwann die erste gemeinsame Nacht, das Zusammenziehen, zu dem Sie sich vor einigen Jahren schon entschlossen haben. Zu den Steinen, mit denen Ihr Haus bis heute wuchs, gehörte aber auch das gemeinsame Studium. Und so hat sich Stein auf Stein gefügt. Es ging dann immer weiter, wie bei einem Haus erst der Keller entsteht und später das Erdgeschoss. Es wurden Konturen sichtbar, wo die Wände stehen, wo es Türen und Fenster gibt. Und so hat auch mit der Zeit die Beziehung des Brautpaars an Konturen gewonnen. Dazu gehörte sicherlich auch so mancher Streit. Auch wenn der Zorn keinen Platz haben soll in Ihrer Partnerschaft, sehe ich in den Auseinandersetzungen wichtige Bausteine für eine gelingende Partnerschaft. Denn nur so zeigt sich, dass jeder weiterhin ein eigenständiger Mensch ist und seine Grenzen besitzt und dass nicht der eine auf Kosten des anderen nur seinen Vorteil sucht.

Mit der Hochzeit bekommt der Bau der Partnerschaft ein neues Stockwerk
Und nun beginnen Sie mit der Hochzeit ein neues Stockwerk auf der Baustelle Ihrer Partnerschaft. Nun wollen Sie Ihr Leben nicht nur gemeinsam führen, wie Sie das ja schon bisher getan haben. Mit Ihrer Hochzeit machen Sie klar: Unter den vielen interessanten Männern ist N. der Mann für den gemeinsamen Lebensweg. Und N. ist unter den vielen interessanten Frauen die Frau für die gemeinsame Lebensreise. Sich auf einen Partner festzulegen, ist eine wichtige Weichenstellung im Leben und die Voraussetzung für eine gelingende Partnerschaft. Wichtig ist allerdings, dass Sie Ihre Trauung nicht schon als das Dach Ihres gemeinsamen Baus ansehen, das den Rohbau abschließt. Vielmehr soll der Bau Ihrer Beziehung stets Raum bieten für weitere, gemeinsame Veränderungen. Der Hausbau Ihrer Liebesbeziehung soll am heutigen Tage noch lange nicht abgeschlossen sein. Denn die Liebe soll ja weiter wachsen und Sie sollen sich gegenseitig helfen, zu gedeihen und immer reifer zu werden. Ich wünsche Ihnen, dass Ihr

gemeinsames Leben in diesem Sinne eine Baustelle bleibt. Und auf dieser Baustelle sollen immer noch Wünsche und Träume möglich werden können, wie bei einem Haus immer noch eine Reihe Steine und hier noch ein Giebel und dort noch ein Anbau dazukommen können.

Die Liebe als ein Haus, das Geborgenheit schenkt
Der Hausbau als Symbol für das Wachstum einer Beziehung haben wir nun gemeinsam bedacht. Man baut aber ein Haus nicht nur, um des Bauens willen. Am Ende soll das Haus fertig sein und einer Familie Raum und Geborgenheit schenken. Und auch ein solches fertig gestelltes Haus kann zu einem Bild für eine Ehe werden: Es ist ein Ort, der der Liebe Raum gibt, von der der heutige Trauvers spricht: Für die Liebe, die nicht ungehörig handelt, die solidarisch ist und nicht ihren Vorteil sucht, die dem Zorn keinen Raum gibt und die das Böse nicht nachträgt.

Und so wünsche ich Ihnen, dass Sie Ihrer Liebe einen großen Platz einräumt im Haus Ihrer Partnerschaft, dass sich der eine beim anderen geborgen fühlt und Sie sich aufeinander verlassen können. Ich wünsche Ihnen, dass Sie sich gegenseitig Schutz bieten, wie ein Haus vor dem Gewitter. Und ich wünsche Ihnen, dass Ihre Beziehung einem offenen Haus gleicht und Freunde, Verwandte und Nachbarn sich bei Ihnen wohl fühlen können. Dann wird Ihre Liebe Kreise ziehen. Und der Segen, den ich Ihnen heute für Ihre Beziehung zuspreche, wird andere mit einschließen.

LIED   Brich mit den Hungrigen dein Brot (EG 420)

Trauung

SCHRIFTLESUNG (Matthäus 19,4–6 und 7,24–27)
Jesus Christus spricht: Gott, der am Anfang den Menschen
als Mann und Frau schuf, sprach (1. Mose 2,24):
„Darum wird ein Mann Vater und Mutter verlassen und seiner Frau anhängen, damit die zwei ein Fleisch werden."

117

So sind sie nun nicht mehr zwei Einzelne,
sondern sind zu einem gemeinsamen Ganzen geworden.
Was nun Gott zusammengefügt hat, das soll der Mensch
nicht scheiden!
Wer meine Worte hört und nach ihnen handelt,
der ist wie ein kluger Mann,
der sein Haus auf festem Grund baute.
Als ein Gewitter aufzog und Regen fiel
und als ein Sturm an dem Hause rüttelte,
da stürzte es doch nicht ein,
weil es auf festem Untergrund gebaut war.
Doch wer meine Worte hört und nicht danach handelt,
der ist wie ein kurzsichtiger Mann,
der sein Haus auf losem Grund baute.
Als ein Gewitter aufzog und Regen fiel
und als ein Sturm an dem Hause rüttelte,
da stürzte es um und fiel ein.

ZUSTIMMUNG

Nachdem wir das Wort der Heiligen Schrift
gehört haben,
so antwortet auf Gottes Zusage
und legt vor Gott und seiner Gemeinde das
Trauversprechen ab:

Bräutigam: Ich nehme dich vor Gott
und vor den Menschen zu meiner Frau.
Ich will mit dir fortan mein Leben teilen,
mit dir lachen und fröhlich sein.
Ich will dich aufbauen, wenn du niedergeschlagen bist
und dich trösten, wenn du traurig bist.
Und ich will immer bei dir bleiben,
auch in den schlechten Zeiten,
bis ans Ende meiner Tage.

Braut: Ich nehme dich vor Gott
und vor den Menschen zu meinem Mann.
Ich will mit dir fortan mein Leben teilen,
mit dir lachen und fröhlich sein.

Ich will dich aufbauen, wenn du niedergeschlagen bist
und dich trösten, wenn du traurig bist.
Und ich will immer bei dir bleiben,
auch in den schlechten Zeiten,
bis ans Ende meiner Tage.

RINGWECHSEL

Gebt einander die Ringe an die Hand
als Zeichen eurer Liebe und Treue.
Sie sollen ein Symbol dafür sein,
dass eure Liebe und Treue niemals aufhören,
wie auch eure Ringe keinen Anfang und kein
Ende haben.

TRAUSEGEN

Gott, der für euch sorgt wie ein Vater
und sich um euch kümmert wie eine Mutter,
er segne euer gemeinsames Leben,
dass es sich immer im Aufbau befinde
und eure Liebe von Tag zu Tag wachse.
Amen.

MUSIK

Gebet und Segen

FÜRBITTEN

Herr, unser Gott,
deine Liebe ist unendlich
und unbegreiflich.
Du liebst uns
und nimmst uns an wie wir sind.

Wir bitten dich für N. und N. N.:
Dass das Wunder ihrer Liebe
über die Jahre erhalten bleibt.
Dass sie einander aufbauen und stärken
und einander Hilfe sein können.
Dass sie aufmerksam bleiben

gegenüber den Bedürfnissen ihres Partners.
Dass sie ehrlich und liebevoll miteinander umgehen
und sich nicht zu unkontrolliertem Zorn reizen lassen.
Dass sie stets beieinander bleiben auch dann,
wenn sie durch schwere Zeiten geführt werden.
Dass sie in ihrem gemeinsamen Leben Raum haben
für die Not in der Nähe und in der Ferne,
und dass sie in ihren Freundinnen und Freunden
Hilfe und Bereicherung ihrer Beziehung erleben.
Dass sie merken, wie wichtig sie für ihre Familien sind
und dass sie mit ihnen verbunden bleiben wie in
einem großen, gemeinsamen Haus.

STILLE

VATERUNSER

LIED Wir nehmen seine Worte und Taten mit nach Haus (EG
168,5–6)

SEGEN
Es segne euch Gott,
der euch zusammengeführt und fest gegründet hat,
damit weder Sturm noch Regen
den Bau eurer Beziehung zu Fall bringen kann.
Amen.

AUSZUG BEI ORGELMUSIK

12

„Der Herr behüte deinen Ausgang und Eingang"

Goldene Hochzeit zum Symbol der Reise

Eingang

ORGELMUSIK MIT EINZUG

BEGRÜSSUNG

Wir feiern diesen Gottesdienst
im Namen Gottes des Vaters,
der Quelle unseres Lebens,
im Namen des Sohnes,
in dem Gott uns nahe ist,
und im Namen des Heiligen Geistes,
der uns verbindet.

Wir sind heute zusammen, um gemeinsam ein Fest zu
feiern und uns an ein Fest zu erinnern, das 50 Jahre
zurück liegt. Denn solange ist es her, dass sich N. N. und
N. N. das Jawort gaben. Wir freuen uns mit Ihnen und
wollen Ihnen einen frohen und glücklichen Tag wünschen, von dem Sie noch in den nächsten Tagen,
Wochen und Monaten zehren können.

Wir wollen uns in dieser gottesdienstlichen Feier an
die gemeinsame Reise erinnern, die Sie in Ihrer fünfzigjährigen Ehe gemeinsam unternommen haben. Und wir
wollen wie von einem hohen Aussichtspunkt zurückbli-
cken auf die Stationen Ihres Lebens.

LIED   Bis hierher hat mich Gott gebracht (EG 329)

PSALM 121

Unsere Augen blicken besorgt in die Zukunft
und suchen nach den rechten Wegen.

Wird Gott bei uns sein, wenn wir auf ihnen wandeln?
Wird er uns nahe sein, um uns zu helfen?
Unsere Hilfe kommt von ihm,
der den Himmel gebogen und die Erde gegründet hat.
Er ist uns nahe bei jedem Schritt den wir gehen,
damit wir nicht stürzen.
Gott schläft nicht, sondern behütet uns nicht nur
am Tage,
sondern auch in der Nacht.
Schatten spendet er am Tage,
dass die Sonne uns nicht sticht,
und des nachts erquickt er unsere Seelen.
Gott behütet uns, auch wenn uns Übles widerfährt.
Er beschützt unsere Seele,
er behütet unseren Ausgang und Eingang
von nun an bis in Ewigkeit.

GEBET

Du Gott des Lebens,
du begleitest uns schon lange
auf unserer gemeinsamen Reise.
Viele Wege liegen schon hinter uns,
manche Strecken unserer Reise liegen noch vor uns.
Du hast uns unsere gemeinsame Zeit geschenkt.
Wir danken dir für jeden Tag, den wir zusammen
erleben,
für jeden Morgen, an dem wir erwachen
und jeden Abend, an dem wir unser Leben
getrost in deine Hände legen dürfen.
Wir bitten dich für die Menschen,
denen wir auf unserer Reise begegnet sind:
Für unsere Kinder,
die wir begleiten durften auf ihrem Weg in das Leben,
für unsere Enkel, deren Lebensentwürfe
wir aus der Ferne mit so viel Spannung verfolgen,
für unsere Urenkel, die unser Herz erfreuen.
Sei bei ihnen auf ihren Wegen,

dass sie aufrecht gehen und selbstbewusst ihre
Schritte setzen.
Wir bitten dich auch für uns,
dass du uns noch lange zusammensein lässt
auf unserer gemeinsamen Reise.
Und führe unsere Schritte dereinst
in dein himmlisches Reich.
Amen.

LIED In Gottes Namen fahren wir (EG 498)

Verkündigung

SCHRIFTLESUNG (Ruth 1,16–17)
Wo du hingehst, da will auch ich hingehen;
wo du bleibst, da will auch ich bleiben.
Dein Volk soll mein Volk sein,
und dein Gott soll auch zu meinem Gott werden.
Wo du stirbst, da will auch ich mich zur letzten
Ruhe legen
und mich begraben lassen.
Im Namen Gottes verspreche ich dir,
dass nur der Tod mich von dir scheiden wird.

ANSPRACHE

50 Jahre Ehe gleichen einer langen gemeinsamen Reise
Liebe Festgemeinde, liebes Ehepaar N.,
dies ist ein wichtiger Tag für Sie. Wichtig, weil Sie nun 50 Jahre
miteinander auf dem Weg sind durch ein gemeinsames Leben. Sie
haben während dieser Zeit Schönes und Schweres zusammen
erlebt, haben Hoffnungen und Ängste miteinander geteilt, sind
gemeinsam alt und grau geworden. Diese 50 gemeinsamen Jahre
sind so etwas wie eine gemeinsame Reise durch das Leben. Wie
passend ist da der Bibelspruch, den Sie sich als Text für diesen
besonderen Tag ausgewählt haben, der so etwas ist wie ein Reisesegen für Ihren gemeinsamen Lebensweg: „So zieht hin! Gott sei mit
euch auf dem Wege, und sein Engel geleite euch (Tobit 5,23)!"

Vielleicht hatten Sie schon am Beginn Ihrer Ehe den Wunsch, dass der Engel Gottes Sie geleite auf diesem neuen und gemeinsam zu bewältigenden Lebensabschnitt. Eigentlich wären Sie gerne auch räumlich weitergezogen, in eine andere Gegend, in eine größere Stadt vielleicht. Aber Sie sind hier im heimatlichen Ort geblieben. Dazu mag Sie die Landwirtschaft veranlasst haben, der väterliche Hof, für den Sie beide Verantwortung übernommen haben in dieser schweren Zeit vor fünfzig Jahren. Zunächst waren noch die Eltern oder Schwiegereltern da, mit denen Sie unter einem Dach zusammenwohnten. Sie haben sich die Arbeit in der Landwirtschaft geteilt und Sie, Herr N., haben daneben noch Ihren erlernten Beruf ausgeübt, für den Sie sich immer wieder auf Reisen begeben mussten. „So zieht hin! Gott sei mit euch auf dem Wege, und sein Engel geleite euch!" Das galt damals für Sie allein, aber es wird Ihrer Frau eben doch auch wichtig gewesen sein, dass Sie sicher und gut geleitet wurden und auch immer wohlbehalten nach Hause kamen.

Begleiter auf der Lebenswanderung
In Ihrem Haus wurde es bald ganz schön lebendig. Bald begleiteten Kinder Sie auf Ihrer Lebensreise, zunächst der große Sohn und dann die Tochter. Es war damals gut, dass die Großeltern noch mit auf dem Hof lebten. Denn sie konnten sicher oft eine Hilfe sein, sowohl beim Beaufsichtigen der Kinder, als auch bei der Arbeit in der Landwirtschaft. Und auch als Ihre beiden Zwillinge geboren wurden, werden Sie froh gewesen sein für die Hilfe, die die Anwesenheit der Großeltern bedeutete. Kurz nach der Geburt der Zwillinge mussten Sie immer wieder zu ihnen in die Klinik fahren, waren sie doch noch zu klein und schwach, um ohne ärztliche Betreuung auskommen zu können. Wenn Sie dort vor den kleinen Bettchen standen, werden Sie so manches Gebet gesprochen oder gedacht haben. Vielleicht ging Ihnen auch der Segensspruch durch den Sinn: „Gott sei mit dir auf dem Wege, und sein Engel geleite dich!" Gottes Engel haben die Zwillinge dann geleitet und während der schweren ersten Wochen behütet. Bald schon hatten Sie sicherlich Ihre liebe Not, die beiden zu bändigen.

Die Landwirtschaft und Ihre vier Kinder machten es zunächst schwierig für Sie, den Traum von einem Leben in der Ferne wenigstens im Urlaub zu erfüllen. Sie waren ja verantwortlich für Familie und Hof. Später sind Sie dann öfters zu Fahrten mit der Kirchengemeinde aufgebrochen, die bis in die Waldenserdörfer im Norden Italiens führten. Da hatte der alte Reisesegen aus dem Buch Tobit seine Gültigkeit: „So zieht hin! Gott sei mit euch auf dem Wege, und sein Engel geleite euch!" Sie sind mit Gottes Segen auf diese Reisen gegangen und sicher haben Sie seinen Segen auch immer wieder gespürt während diesen Fahrten. So manches Gespräch wird Sie erfüllt haben und mancher Besuch in einer Kirche wird seine Spuren in Ihrer Seele hinterlassen haben.

Rückblick auf das gemeinsam Erlebte
Aber Sie haben sich nicht nur auf Ihren Urlaubsfahrten auf einer Reise befunden. Auch Ihr gemeinsames Leben war so etwas wie eine lange gemeinsame Wanderung. Und auf diesen Wegen sind sie von Gott bewahrt worden, wie es der Vers aus dem Tobitbuch wünscht: „So zieht hin! Gott sei mit euch auf dem Wege, und sein Engel geleite euch!" Manchmal fielen Ihnen die Schritte schwer, manchen Berg mussten Sie besteigen. An einem Tag wie heute können Sie innehalten und zurück schauen. Genießen Sie den Ausblick, lassen Sie Ihren Blick schweifen auf das gemeinsam Erlebte. Fünfzig Jahre liegen hinter Ihnen. Und wie zwei Reisenden bleiben Ihnen die Erinnerungen an schöne Stunden.

Sie sind durch sonnige und schattige Gegenden geführt worden. Schön war es sicher, dass Sie mit Ihren Kindern gesegnet wurden. Ihre Wanderung, die Sie zu zweit begonnen hatten, wurde bald begleitet von Ihren Kindern. Es gingen mit den Jahren drei Jungen und ein Mädchen mit Ihnen auf der Wanderung durch Ihre gemeinsames Leben. Dadurch wurden Ihre Schritte ein wenig gebremst. Die kleinen Kinder mussten an der Hand genommen werden und trippelten dann neben Ihnen her. Doch schnell wurden die Kinder größer und wurden Ihnen selbst immer öfter zu einer Hilfe.

Aber es gab auch dunkle Seiten auf Ihrer gemeinsamen fünfzigjährigen Wanderung. Sie mussten sie gemeinsam bestehen und sicherlich hat Sie das noch mehr zueinander gebracht. Manche der Menschen, mit denen Sie ihr Leben geteilt haben und die Ihnen wichtig waren, können heute an diesem Fest nicht mehr teilnehmen, weil sie gestorben sind. Sie zu verlieren wird eine dunkle, von Wolken überschattete Wegstrecke gewesen sein. Aber Sie sind dann auch wieder aus dem Tal der Trauer in schöne sonnige Gegenden geführt worden auf Ihrer Reise. Und der Engel des Herrn hat Sie bewahrt. Und Sie haben immer wieder Rast gemacht, um sich im Raum der Kirche zu stärken und mitten in der Hast des Lebens innezuhalten.

Segenszuspruch für die weitere Lebensreise

Nun haben wir einen Blick auf Ihre gemeinsame Reise geworfen. Manches ist ungesagt geblieben und einiges muss auch gar nicht öffentlich ausgesprochen werden. Sie haben auf Ihrer Wanderung durch Ihr Leben so manche Anhöhe überquert und Täler durchschritten. Sie werden sicher noch Berge erklimmen müssen und enge Schluchten durchqueren. Ich wünsche Ihnen, dass Sie die letzte Wegstrecke noch lange gemeinsam zurücklegen können und spreche Ihnen für die Jahre, die noch kommen, den alten Reisesegen aus dem Tobitbuch zu: „So zieht hin! Gott sei mit euch auf dem Wege, und sein Engel geleite euch!"

LIED   Jesu, geh voran auf der Lebensbahn (EG 391)

Gebet und Segen

FÜRBITTEN

    Wir danken dir, Gott,
    für die Jahre, die du dem Ehepaar N. geschenkt hast
    und dafür, dass sie ihren gemeinsamen Weg
    nicht allein gehen mussten.
    Wir bitten dich für die Menschen,
    die ihren Weg begleitet haben,
    die ihnen Freude gemacht haben
    oder ihnen hilfreich zur Seite standen.
    Wir bitten dich für die Menschen,
    denen sie begegnet sind auf ihrer gemeinsamen Reise,
    denen sie eine Hilfe sein konnten.
    Wir bitten dich im Hinblick auf die Wege,
    die dem Ehepaar N. noch bevorstehen,

dass du sie in ihrer gegenseitigen Liebe bewahrst
und dass du ihnen noch viele Jahre schenkst,
in der sie zusammensein können
und in denen sie an Leib, Seele und Geist
gesund bleiben.
Stärke du Herrn und Frau N. durch deine Gegenwart
und gib ihnen Kraft für die weitere Reise.

STILLE

VATERUNSER

LIED   Bewahre uns, Gott, behüte uns, Gott (EG 171)

SEGEN
        Gott, der Vater,
        sei mit uns auf allen unseren Wegen,
        Gott, der Sohn,
        richte uns auf
        und lasse unsere Schritte sicher auftreten,
        und Gott, der gute Geist,
        führe uns immer neu
        in die Gemeinschaft mit anderen Menschen.
        Und so segne uns der dreieinige Gott,
        er behüte unseren Ausgang und Eingang
        von nun an bis in Ewigkeit.
        Amen.

ORGELMUSIK MIT AUSZUG

13 Unter den Händen zerbrochen

Beerdigung zum Symbol
der Scherben

Eingang

ORGELMUSIK

BEGRÜSSUNG

Wir sind hier, weil wir tief betroffen sind von dem Verlust eines noch ganz jungen Menschen, der aus unserer Mitte gerissen wurde, noch bevor sein Leben richtig beginnen konnte.

Wir nehmen von diesem Leben Abschied, indem wir Scherben in die Hand nehmen. Denn Scherben sind ein Ausdruck für unsere Gefühle am heutigen Tag. Sie sind ein Bild dafür, dass auch von uns etwas abgebrochen wurde, das zu uns und unserem Leben gehörte.

Unsere Gefühle und Gedanken bringen wir vor Gott, in dessen Namen wir uns hier versammelt haben.

LIED

Gott, mein Gott, warum hast du mich verlassen (EG 381,1–2.4)

PSALM 6

Ach Gott, warum hast du dein Antlitz vor mir verborgen
und warum verfolgst du mich mit deinem Grimm?
Wende dich wieder zu mir und heile mich,
denn ich bin schwach und meine Seele ist betrübt.
Wie lange noch muss ich warten,
bis du mir wieder nahe kommst?
Wann endlich wirst du mich befreien
aus dem finsteren Tal, in dem ich sitze?
Tag und Nacht klage ich dir mein Leid,
meine Tränen sind so viel,

dass ich sie nicht zählen kann,
sie haben mein Lager durchweicht
und mein Auge trüb werden lassen.
Aber ich bin gewiss,
dass Gott meine Klage hört
und mein Gebet annimmt.
Er wird denen entgegen treten,
die mir nachstellen,
und meine Bedränger wird er
von mir weichen lassen.
Gott wird meine Klage hören
und mein Gebet annehmen.

GEBET

Herr, unser Gott,
wir sind heute hier voller ungeklärter Fragen.
Wir kommen zu dir mit Klagen auf unseren Lippen,
wir kommen innerlich zerrissen,
mit dem Gefühl, als sei uns unter den Händen alles zer-
brochen,
was uns bisher wichtig war.
Wir bitten dich:
Sei du nun mitten unter uns,
schenke uns Kraft zum Trauern
und die Möglichkeit, loszulassen,
was uns der Tod genommen hat.
Amen.

Verkündigung

LESUNG (Psalm 13)

Wie lange soll ich noch sein wie ein zerbrochenes Gefäß?
Wie lange muss ich warten auf deine heilende
Gegenwart, Gott?
Wie lange hältst du dein Antlitz vor mir verborgen?
Voll Trauer ist mein verwundetes Herz
und die Angst lässt mich innerlich zerbrechen.

Schau doch und höre meine Stimme,
erneuere und heile, was in mir zu Bruch gegangen ist.
Verlass mich nicht in der Not
und lass mich in meinem Schmerz nicht allein.
Erbarme dich meiner
und hilf mir heraus aus meinem Leid.

ORGELMUSIK

ANSPRACHE

Vor uns liegen Scherben; sie sind ein Bild für unsere Trauer, aber
auch für das viel zu kurze Leben von N. N., das wie eine Scherbe
herausgebrochen ist aus einem Ganzen. N. N. war ein Teil einer
Familie, eines Geschwisterpaares. Er/sie gehörte zum Leben vieler
Menschen, in erster Linie zu dem seiner/ihrer Eltern. Mit
seinem/ihrem Tod ist aber auch das Leben der Familie zu Bruch
gegangen und gleicht Scherben, die nie wieder so zusammengesetzt werden können, wie sie einmal waren. Es wird immer etwas
fehlen und es werden die Bruchkanten bleiben, die dieses tragische
Ende eines Lebens hinterließ. Und es werden die Fragen bleiben
nach dem Warum dieses Todes. Warum musste dieser Tod geschehen, warum hat Gott zugelassen, dass ein noch fast ungelebtes
Leben beendet wurde? Hätte nicht noch viel mehr getan werden
können, ja müssen? Solche und ähnliche Fragen werden Ihnen
durch den Sinn gehen. Und diese Fragen zeigen, dass in den letzten Tagen Ihnen auch Ihr Glaube zum Teil zu Bruch gegangen ist,
der Glaube an Gott und das Vertrauen, im Leben getragen zu sein.

Wir wollen uns nun Zeit nehmen, um zu trauern und um das
kurze Leben des/ der Verstorbene(n) vor unserem inneren Auge
noch einmal vorüberziehen zu lassen. Wir tun dies anhand von
Worten aus Psalm 3: „Ich liege und schlafe und erwache; denn
der Herr hält mich".

Ja, so hätte es sein sollen im Leben von N. N. Er/sie hätte
schlafend in seinem/ihrem Bettchen liegen sollen. Aber er/sie
hätte dann auch erwachen sollen an diesem Morgen, vor wenigen
Tagen, dessen Ablauf Sie nun unendlich oft in Gedanken durch-
gegangen sind und der Sie wohl Ihr Leben lang begleiten wird.
Immer wieder werden Sie sich Sätze gesagt haben, die mit „hätte

ich doch" begannen. Wenn Sie gewusst hätten, wie es um Ihren Sohn/Ihre Tochter stand, hätten Sie sicher gewusst, was Sie tun sollten. Sie hätten in dieser Nacht kein Auge zugemacht. Aber wir Menschen können nicht 24 Stunden aufpassen, auch nicht auf das Liebste, das uns gegeben ist.

Und nun ist es so gekommen, dass N. N. nach dieser einen Nacht nicht erwachte. Und so bekommen die Worte aus Psalm 3 einen neuen Klang. „Ich liege und schlafe" – diese Worte beschreiben den Anblick des kleinen Körpers, als er wie schlafend in seinem Bettchen und später in dem kleinen Kindersarg lag. Dieser Anblick nährte in Ihnen – wie Sie mir sagten – die Hoffnung, dass der Tod so etwas ist wie ein langer Schlaf, aus dem N. N. einmal erwachen möge. Die Worte „Ich liege und schlafe und erwache" sind deshalb auch ein Bekenntnis der Hoffnung, dass Gott, der das Leben des/der Verstorbenen in seinen Händen hält, dieses dereinst wieder erwecken werde.

Dann werden auch die Scherben, zu denen unser Leben von einem Tag auf den anderen zerbrach, mit neuen Augen gesehen werden können. Denn Gott sieht Scherben nicht als wertlos an. Er kann Scherben wieder zusammen setzen und mit anderen Scherben verbinden. Und so wollen wir das viel zu kurze Leben von N. N. in Gottes Hände legen. Wir tun dies in der Hoffnung, dass er ergänzen kann, was fehlt, dass er hinzufügen kann, was ungelebt geblieben ist. Zusammen mit anderen Bruchstücken können die Scherben, zu denen auch unser Leben geworden ist, einmal zu einem vielfarbigen Mosaik werden. Denn bei Gott kann aus dem Zerbrochenen, dem scheinbar Wertlosen etwas Neues werden. Das gilt für das viel zu kurze Leben von N. N. Aber das gilt auch für Ihr Leben. Natürlich werden die Bruchkanten bleiben, die der Tod Ihres Kindes unwiderruflich hinterlassen hat. Und doch haben Sie schon in den letzten Tagen erlebt, wie Sie als Familie sich ganz nahe waren in ihrem Schmerz. Die gemeinsame Trauer hat Sie noch dichter zusammengefügt, als Sie es schon seit jeher waren. Gott möge Sie als Familie weiterhin zusammenfügen, dass Sie sich nicht einzeln in Ihrem Schmerz vergraben, sondern dass Sie gemeinsam trauern, als Ehepaar, aber gerade auch mit Ihrem Kind, das Ihnen geblieben ist.

„Ich liege und schlafe und erwache; denn der Herr hält mich".

In diesen Worten des Psalmbeters haben Sie die Hoffnung angedeutet gesehen, dass der Tod Ihres Kindes so etwas ist wie ein Schlaf, aus dem es einst erwachen möge. Wir wollen mit Ihnen glauben, dass Ihr Sohn/Ihre Tochter in Gottes Hand aufgehoben ist, der ihn/sie auch noch über die Stunde des Todes hinaus hält und bewahrt. Er wird Ihr Kind auferwecken und in sein himmlisches Reich führen. Und er wird ihm dort Anteil geben an einem vollendeten Leben, das keine Brüche oder Bruchkanten mehr kennt.

LIED   Ich steh vor dir mit leeren Händen, Herr (EG 382)

Gebet und Aussegnung

GEBET

 Wir klagen dir, Gott,
 dass aus unserer Mitte heraus
 dieses Kind gerissen wurde.
 Wir klagen über die ungelebten Jahre
 und die unerfüllten Möglichkeiten.
 Wir klagen dir, dass mit N. N. ein Teil
 unseres Lebens herausgebrochen ist.
 Wir klagen dir unseren Schmerz,
 den die harten Bruchkanten uns zufügen.
 Wir bitten dich,
 dass du alle, die nun trauern,
 umfängst mit deinem Trost,
 dass du ihnen Menschen zur Seite stellst,
 die zuhören und schweigen können.
 Wir vertrauen deiner Hilfe,
 dass du ihnen als treuer Gefährte zur Seite stehst
 und sie stärkst für die Aufgaben,
 die vor ihnen liegen.
 Und füge dereinst die Bruchstücke zusammen,
 dass unser Leben vor dir zu einem Ganzen werde.
 Amen.

Der Herr segne dich und behüte dich.
Der Herr behüte deine Seele,
der Herr behüte deinen Ausgang und Eingang
von nun an bis in Ewigkeit.
Amen.

WEG ZUR BEGRÄBNISSTÄTTE

Grablegung

VOTUM AM GRAG

Wir legen den Leib von N. N.
in Gottes Acker,
damit er dereinst wieder zum Leben
erweckt werde.
Wir legen den Leib von N. N.
in Gottes Acker
in der Hoffnung auf neues Leben.
Wir legen den Leib von N. N.
in Gottes Acker,
damit er dereinst wieder zusammengefügt wird
zu einem Ganzen und Vollkommenen.
Erde zu Erde, Asche zu Asche, Staub zu Staub.

STILLES GEBET

VATERUNSER

SEGEN

Der Herr segne uns,
wenn wir leben oder sterben,
heute und morgen bis
in Ewigkeit.
Amen.

14

Wenn die Blätter, die treiben

Gottesdienst zum Symbol der fallenden
Blätter am Ewigkeitssonntag

Eingang

MUSIK

LIED   O Heiliger Geist, o heiliger Gott, du Tröster wert in aller
       Not (EG 131,1–2.6)

VOTUM

Wir sind hier im Namen Gottes,
der das Leben schenkt und das Leben nimmt,
im Namen des Sohnes,
der für uns gestorben ist,
und im Namen des Geistes,
der uns verbindet – Lebende und Tote.

BEGRÜSSUNG UND EINSTIMMUNG

Ich begrüße Sie zu diesem Gottesdienst am Ewigkeitssonntag, der überschrieben ist mit den Worten „Wenn
die Blätter treiben". Wir wollen der Jahreszeit des Herbstes nachspüren, die für uns heute zum Bild für unser
Leben werden soll. Herbst wird es in uns selbst, wenn
jede Freude genommen scheint. Herbst wird es, wenn
das Leben sich dem Ende entgegen neigt und die Vitali-
tät immer mehr abnimmt.

Der Herbst ist aber zugleich die Jahreszeit der Ernte,
eine Zeit, in der wir dankbar auf das Zurückliegende blicken können. Beide Aspekte des Herbstes, Ernte und
Reduktion, finden sich in dem Gedicht „Herbsttag" von
Rainer Maria Rilke:

Herbsttag[26]
Herr: es ist Zeit. Der Sommer war sehr groß.
Leg deinen Schatten auf die Sonnenuhren,
und auf den Fluren lass die Winde los.

Befiehl den letzten Früchten voll zu sein;
gib ihnen noch zwei südlichere Tage,
dränge sie zur Vollendung hin und jage
die letzte Süße in den schweren Wein.

Wer jetzt kein Haus hat, baut sich keines mehr.
Wer jetzt allein ist, wird es lange bleiben,
wird wachen, lesen, lange Briefe schreiben
und wird in den Alleen hin und her
unruhig wandern, wenn die Blätter treiben.

LIED   Des Jahres schöner Schmuck entweicht (EG 648,1.5–8[27])

PSALM 139
Du weißt, wie es um mich steht, Gott,
und du kennst selbst meine geheimsten Gedanken.
Ob ich sitze oder stehe, du weißt es
und verstehst meine dunkelsten Grübeleien.
Ob ich gehe oder liege, du bist mir nahe
und begleitest mich auf allen meinen Wegen.
Kein Wort geht mir über die Lippen,
das du nicht schon vorher kennst.
Von allen Seiten umgibst du mich und hältst deine
Hand über mir.
Wohin ich auch gehe, dein Geist ist mir nahe.
Und wohin mich auch meine Füße tragen,
du bist mir freundlich zugeneigt.
Auch wenn ich über den Himmel führe
oder hinabfiele wie ein Blatt im Herbst vom Baum fällt,
du bist für mich immer da.
Nähme ich der Morgenröte Flügel

---

26 Rainer Maria Rilke, Neunzig Gedichte. Auswahl und Anmerkungen von Annemarie Christiansen, Frankfurt 1987, 40.
27 Alternativ kann EG 505,1–2.6–7 gesungen werden.

und flöge ich bis an den Horizont,
so wäre ich geborgen in deiner Hand
und deine Rechte hieltest du segnend über mir.
Auch im Herbst meines Lebens wärst du mir nahe,
und in der Nacht meines Todes ließest du mich nicht los.
Denn du hast mich erschaffen
und im Leib meiner Mutter geformt.
Deshalb danke ich dir, dass ich wunderbar gemacht bin,
wie alle deine Werke voller Schönheit sind.
Du wusstest schon von mir,
lange bevor ich geboren wurde,
und alle Tage und Jahreszeiten meines Lebens sahst du
vor Augen,
wie in einem aufgeschlagenen Buch.
Du weißt, wie es um mich steht, Gott,
und du kennst selbst meine geheimsten Gedanken.

LIEDRUF Großer Gott, wir loben dich (EG 331,1)

KYRIE

Blätter sind vom Baum gefallen,
haben sich gelöst von dem Stamm,
der ihnen bisher Nahrung gab.
Wie schön und bunt die Blätter auch sind,
bald sind sie ausgetrocknet und verdorrt.
Auch wir wurden getrennt von Menschen,
die uns nahe waren
und die uns Kraft gaben.
Auch wir fühlen uns ausgelaugt
und leer wie vertrocknetes Laub.
Wir empfinden uns mehr dem Herbst des Lebens
zugehörig
als dem Frühling oder Sommer.
Deshalb klagen wir Gott unser Leid und singen:
Wir sind mitten im Leben zum Sterben bestimmt

LIEDRUF Wir sind mitten im Leben zum Sterben
bestimmt (EG 651[28])

28 Alternativ kann EG 533,1 gesungen werden.

GLORIA

Auch wenn im Herbst die Blätter fallen
und die Schönheit der Natur verwelkt,
der Herbst ist auch die Jahreszeit der Ernte.
Im Rückblick können wir dankbar sein
für das im Leben Erreichte,
für das gemeinsam Erlebte.
Auch wenn uns Menschen genommen wurden
und unser Herz voll Trauer ist,
Gott ist bei uns und verheißt ewiges Leben,
das durch das Vergehen hindurch entsteht.
Und so fallen im Herbst nicht nur die Blätter
von den Bäumen und Sträuchern,
sondern auch der Same,
der das neue Leben schon in sich trägt.
Deshalb können wir Gott danken,
der uns auch aus der größten Tiefe befreit:
Gloria sei dir gesungen

LIEDRUF Gloria sei dir gesungen (EG 535)

GEBET

Wir kommen heute zu dir, du treuer Gott,
wir kommen, wie wir sind,
mit unserer Trauer, unserer Einsamkeit,
ausgelaugt oder voller Leben,
mit müden oder wachen Augen.
Wir kommen mit dem,
was uns bedrückt,
oder dankbar für das,
was du uns geschenkt hast.
Sei du mit deinem tröstenden Geist
bei uns in dieser Stunde,
stärke uns an deinem Tisch
und erneuere uns mit deiner aufrichtenden Kraft.
Amen.

Herr von Ribbeck auf Ribbeck im Havelland,
Ein Birnbaum in seinem Garten stand,
Und kam die goldene Herbsteszeit
Und die Birnen leuchteten weit und breit,
Da stopfte, wenn's Mittag vom Turme scholl,
Der von Ribbeck sich beide Taschen voll,
Und kam in Pantinen ein Junge daher,
So rief er: »Junge, wiste 'ne Beer?«
Und kam ein Mädel, so rief er: »Lütt Dirn,
Kumm man röwer, ick hebb 'ne Birn.«
So ging es viel Jahre, bis lobesam
Der von Ribbeck auf Ribbeck zu sterben kam.
Er fühlte sein Ende. 's war Herbsteszeit,
Wieder lachten die Birnen weit und breit;
Da sagte von Ribbeck: »Ich scheide nun ab.
Legt mir eine Birne mit ins Grab.«
Und drei Tage drauf, aus dem Doppeldachhaus,
Trugen von Ribbeck sie hinaus,
Alle Bauern und Büdner mit Feiergesicht
Sangen »Jesus meine Zuversicht«,
Und die Kinder klagten, das Herze schwer:
»He is dod nu. Wer giwt uns nu 'ne Beer?«
So klagten die Kinder. Das war nicht recht -
Ach, sie kannten den alten Ribbeck schlecht;
Der neue freilich, der knausert und spart,
Hält Park und Birnbaum streng verwahrt.
Aber der alte, vorahnend schon
Und voll Mißtraun gegen den eigenen Sohn,
Der wusste genau, was damals er tat,
Als um eine Birn' ins Grab er bat,
Und im dritten Jahr aus dem stillen Haus
Ein Birnbaumsprößling sprosst heraus.
Und die Jahre gingen wohl auf und ab,
Längst wölbt sich ein Birnbaum über dem Grab,
Und in der goldenen Herbsteszeit

Leuchtet's wieder weit und breit.
Und kommt ein Jung' übern Kirchhof her,
So flüstert's im Baume: »Wiste 'ne Beer?«
Und kommt ein Mädel, so flüstert's: »Lütt Dirn,
Kumm man röwer, ick gew' di 'ne Birn.«
So spendet Segen noch immer die Hand
Des von Ribbeck auf Ribbeck im Havelland.

Verkündigung

LIED   Hilf mir und segne meinen Geist (EG 503,13–15)

SCHRIFTLESUNG (Römer 8,18–23)

Denn ich bin davon überzeugt,
dass die Zeiten unseres jetzigen Leidens
kaum ins Gewicht fallen werden
im Vergleich mit der Herrlichkeit, die auf uns wartet.
Noch leidet die Natur unter ihrer Vergänglichkeit
und wartet sehnsüchtig darauf,
dass sie an der Freiheit der Kinder Gottes teilhaben
werde.
Die Schöpfung ist ja der Vergänglichkeit unterworfen –
nicht weil sie es will, sondern weil sie der Schöpfer so
gewollt hat.
Und doch besteht die Hoffnung,
dass auch die Schöpfung frei werden wird
von der Knechtschaft der Vergänglichkeit
und von der Sterblichkeit erlöst wird,
wie das auch den Kindern Gottes verheißen ist.
Denn wir wissen, dass die ganze Schöpfung
bis zu diesem Augenblick unter der Vergänglichkeit
ächzt und stöhnt,
als liege sie in Wehen.
Nicht allein aber sie, sondern auch wir selbst,
die wir den Geist in uns tragen, seufzen in unsrem Herzen
und sehnen uns danach, zu den Kindern Gottes gezählt
und erlöst zu werden.

Der Herbst als Jahreszeit, die die Vergänglichkeit besonders deutlich macht

Im Herbst, wenn die Blätter fallen, scheint es, als ob in der Natur allmählich die Lebenskräfte schwinden und sich Bäume und Sträucher bereit machen für den Winterschlaf, in dem Frost und Schnee das Leben begrenzen. Keine Jahreszeit macht die Vergänglichkeit so deutlich, wie der Herbst, die Jahreszeit, die wir gerade durchleben. Man kann geradezu mit Händen greifen, dass die Natur sehnsüchtig darauf wartet, von der „Knechtschaft der Vergänglichkeit" befreit zu werden, wie es Paulus nennt. Und damit spiegelt die Natur unsere eigenen Sehnsüchte wieder. Denn auch wir wollen von der Vergänglichkeit befreit werden, sträuben uns gegen die Veränderungen, die das Leben mit sich bringt und die immer schon ein wenig unser Sterben vorwegnehmen.

Im Herbst kann man durchaus Parallelen ziehen zwischen der Natur mit ihren Jahreszeiten und dem eigenen Leben oder einer Beziehung zu einem geliebten Menschen. Auch hier gibt es Zeiten oder Phasen, die an den Herbst erinnern, so wie es ja auch den Frühling gibt, in dem der Aufbruch und der Neubeginn ihren Platz haben. Nach dem Frühjahr folgt der Sommer mit etwas bedächtigeren Schritten, eine Periode des stetigen Wachsens und der allmählichen Weiterentwicklung. Es ist die Zeit des Reifens auf die dann im Herbst die Zeit der Ernte folgt oder je nach Blickwinkel auch die Zeit, in der die Blätter fallen und die Natur allmählich an Kraft einbüßt und sich auf den Winter vorbereitet, wie auf den Tod. Der Herbst macht deutlich, dass die Schöpfung der Vergänglichkeit unterworfen ist, wenn die Blumen welken, die Sträucher und Bäume immer kahler werden und bald nur noch wie ein totes Gerippe scheinen.

Die Vergänglichkeit des eigenen Lebens lässt die begrenzte Zeit erst wertvoll erscheinen

Und auch unsere Lebenszeit ist vergänglich, mit der wir oft viel zu verschwenderisch umgehen, die wir vertrödeln oder die wir uns unbedacht vertreiben. Gerade weil unser Leben der Vergänglichkeit unterworfen ist, ist es nicht gleichgültig, wie wir mit unserer begrenzten Zeit und unseren begrenzten Kräften haushalten. Weil unsere Lebensphasen begrenzt sind, tragen wir Verantwortung für das, was wir in der uns zur Verfügung stehenden Zeit tun und lassen. Diesen Gedanken unterstreicht ja auch das Kirchenjahr, wenn es uns im November immer wieder an das Gericht erinnert, daran, dass wir uns dereinst für das verantworten müssen, was wir getan und was wir nicht getan haben. Und auch der Herbst macht auf seine Weise deutlich, dass jede Zeit endlich und darum wertvoll ist. Und so lädt uns die Jahreszeit des Herbstes ein, mit unserer begrenzten Zeit verantwortlich umzugehen.

Herbstzeiten mitten im Leben

Wenn wir den Herbst mit unserem Leben vergleichen, dann denken wir natürlich zunächst an die Zeit des Alters. Aber ich möchte heute unseren Blick auch auf die Vergänglichkeit mitten im Leben richten. Denn der Herbst findet sich in allen Lebensphasen, wenn sie von der Vergänglichkeit betroffen sind. Herbst kann es so beispielsweise in einer Beziehung werden, wenn die starken Gefühle des Anfangs in den Hintergrund getreten sind oder wenn die Beständigkeit aus der Zeit des Sommers sich aufzulösen beginnt. Herbstzeiten gibt es in den verschiedenen Abschnitten des Lebens, wenn sie sich ihrem Ende entgegen neigen oder etwas zur bloßen Routine geworden ist. Der Herbst kann einziehen in jeden Abschnitt des Lebens, wenn der Alltag nur noch als langweilige Tretmühle gesehen wird. Herbstzeiten durchleben wir, wenn uns Menschen verlassen, die uns lieb geworden sind. Vor allem erleben wir den Herbst, wenn ein geliebter Mensch stirbt und wir uns in der Zeit der Trauer kraftlos und leer fühlen, als seien wir ein Baum, dessen Blätter abgefallen sind. Mancher unter uns mag deshalb heute hier sein und an den Verlust des Partners, der Partnerin, des Vaters oder der Mutter denken. Für den einen oder die andere ist die Trauer noch frisch, für andere liegt sie schon länger zurück. Vielleicht konnte inzwischen über die Trauer hinaus das in den Blick genommen werden, was gut war.

Es ist gut, wenn wir in solchen Herbstzeiten die Sinne schärfen für das Schöne, das war, und wenn wir darüber nachdenken, wofür wir dankbar sein können. Denn durch den dankbaren Blick auf das Vergangene nehmen wir das Zurückliegende mit in die Gegenwart und in die Zukunft. Und wenn wir jetzt im

Herbst an die Vergänglichkeit erinnert werden, dann auch an die Begrenztheit der Lebensabschnitte. Vergänglichkeit spiegelt sich in jedem zu Ende gehenden Abschnitt, im beruflichen Wechsel, im Umzug und in jeder Neuorientierung – wie im Herbst gibt es stets so etwas wie eine Ernte, auf die wir dankbar blicken können, auch wenn wir weitergehen.

Im Herbst reduziert sich das Leben auf das Wesentliche
Herbst, davor wollen wir gerade heute nicht die Augen verschließen, bedeutet aber neben der Ernte auch die Reduktion. Die Tage werden kürzer, die Temperaturen gehen zurück, die Lebensuhr scheint immer langsamer zu ticken. Die Blütenpracht des Sommers ist längst Vergangenheit und die kurzzeitige Vielfarbigkeit des Waldes nimmt mehr und mehr ab. Herbst bedeutet also, sich von vielem zu verabschieden, was einem lieb gewesen ist, ohne das man lange nicht leben zu können glaubte. Und so wird der Herbst auch zu einem Bild dafür, dass wir zu uns selber finden, dass es mehr auf das Sein ankommt als auf das, was wir besitzen und doch nicht mitnehmen können, wenn der Herbst unseres Lebens übergeht in den Winter. Der Herbst lehrt uns, uns zu bescheiden; und er stellt uns vor die Aufgabe, zu reduzieren. Aber so kommen wir im Grunde immer mehr zu uns selbst. Der Herbst ist deshalb eine meditative Jahreszeit, in der es gut tut, eine Kerze ins Fenster zu stellen und hinauszuschauen auf die Natur, die Tag für Tag abnimmt. In dieser Jahreszeit können wir etwas lernen vom Geheimnis der Mystiker, die immer mehr von den äußeren Dingen weg, ihre Gedanken und Sinne nur noch auf Gott zu richten versuchten. Auf geheimnisvolle Weise haben sie dann sich selbst gefunden, als sie mit Gott zu verschmelzen glaubten. Und so lädt uns die geheimnisvolle Jahreszeit des Herbstes ein, uns auf das Wesentliche zu besinnen.

Durch die Vergänglichkeit hindurch kündet der Herbst schon vom neuen Leben
In den Worten, die wir als Schriftlesung gehört haben, vergleicht Paulus in kühner Weise die Vergänglichkeit der ganzen Schöpfung mit Geburtswehen, die zusammen mit uns Menschen unter der Geburt seufzt und stöhnt. Das Leiden an der Flüchtigkeit allen Lebens ist damit nicht umsonst, sondern die Voraussetzung

für das kommende Reich Gottes, in dem die Kinder Gottes frei sind von Leid, Ungerechtigkeit und der Vergänglichkeit. Die Sehnsucht auf ein Ende des Todes, der sich ja in jedem Vergehen schon während des Lebens andeutet, nimmt schon etwas von der künftigen Herrlichkeit in unsere Gegenwart hinein.

Wie sehr die Natur unter der Vergänglichkeit ächzt und stöhnt, als liege sie in Wehen, das kann man gerade jetzt im Herbst gut nachempfinden. Zugleich ist der Herbst aber auch ein anschauliches Bild für diesen Umschwung der Vergänglichkeit zum Leben. Wie im Herbst die Blätter fallen und Bäume und Sträucher am Ende wie tot dastehen, so leiden wir mit der Schöpfung unter dem Vergehen des Lebens. Aber es ist ja gerade die Jahreszeit des Herbstes, die die Früchte reifen lässt, die das neue Leben schon in sich tragen. Durch die Vergänglichkeit hindurch kündet sich wieder Leben an, wenn mit den Blättern auch die Samen von den Bäumen fallen. Es ist im Herbst, als ob die Natur unter Geburtswehen stöhnt und ächzt; aber gerade durch den Schmerz hindurch kündigt sich neues Leben an.

Nach diesem neuen Leben sehnen wir uns und hoffen darauf, dass wir dereinst von der Vergänglichkeit befreit werden. In der Hoffnung auf Gottes Reich, in dem der Tod mitsamt den todbringenden Mächten besiegt ist, können wir schon heute sein wie die neugeborenen Kinder, die Gott trotz aller Vergänglichkeit zum wahren Leben berufen hat.

LIED   Freunde, dass der Mandelzweig wieder blüht und treibt (EG 613[29])

---

29 EG 620 im Regionalteil der Ev.-Lutherischen Kirchen in Niedersachsen und der Bremischen Ev. Kirche. EG 651 im Regionalteil der Ev. Kirche im Rheinland, der Ev. Kirche von Westfalen und der Lippischen Landeskirche sowie der Ev.-reformierten Kirchen in Bayern und Nordwestdeutschland und der Ev.-altreformierten Kirche in Niedersachsen. EG 659 im Regionalteil der Ev.-Lutherischen Kirchen in Bayern und Thüringen. EG 655 im Regionalteil der Ev. Kirche in Württemberg. EG 606 im Regionalteil der Nordelbischen Ev.-Lutherischen Kirche.

Du Gott des Lebens,
es ist Herbst geworden in unseren Gedanken und
Gefühlen,
die Schönheit des Sommers hat sich gewendet
und die Zeit wurde uns genommen,
in der wir mit den uns Lieben zusammen sein konnten.
Deshalb klagen wir dir,
dass unser Herz voller Trauer ist
und das Leben seinen Glanz verloren hat.

Du Gott des Lebens,
wenn wir jetzt im Herbst die Blätter fallen sehen,
dann ist uns das wie ein Bild für unser Leben.
Du hast unser Leben geordnet und unterteilt in Phasen,
die fast den Jahreszeiten gleichen.
Auch wir kennen die Zeiten des Aufbruchs und des
Wachsens
und die Zeit, in der es Herbst wird.

Du Gott des Lebens,
wir sehen die Blätter fallen im Herbst
und es ist uns, als ob auch unsere Kräfte schwinden.
Wir klagen dir, wo wir uns innerlich leer fühlen,
wo wir uns nach Lebendigkeit sehnen
und uns fühlen wie ein vertrocknetes Blatt.
Wir klagen dir, dass unsere Kräfte schwinden
und die Lebenszeit so schnell dahinfliegt.

Du Gott des Lebens,
wir haben aber auch Grund zum Danken,
wenn es in unserem Leben Herbst wird.
Du hast uns reich beschenkt,
hast uns Frucht bringen lassen,
hast Erfolge geschenkt und über Misserfolge
hinweggetröstet.
Deshalb danken wir dir.

Du Gott des Lebens,
wir bitten dich, dass du uns in den Herbstzeiten
unseres Lebens beistehst
und uns die Augen öffnest für die wesentlichen Dinge.
Wenn unsere Kräfte schwinden,
hilf uns, dich zu finden,
der du uns aufrichten und weiterführen kannst,
wenn unsere Füße uns nicht mehr tragen.

Du Gott des Lebens,
wir bitten dich für die kranken Menschen
in der Nähe und in der Ferne,
für die Einsamen und Alleingelassenen.
Wir bitten dich für die Ausgebrannten,
denen die Freude am Leben genommen scheint.
Sei ihnen nahe mit deiner Kraft spendenden Gegenwart.
Amen.

LIED   In Gottes Namen wolln wir finden, was verloren ist (EG
631[30])

Abendmahl

LOBGEBET
Gepriesen seist du, unser Gott, du Kraft des Lebens.
Du schenkst uns dieses Brot,
die Frucht der Erde und der menschlichen Arbeit.
Lass es zum Brot des Lebens werden.

Du schenkst uns diesen Wein,
die Frucht des Weinstocks und der menschlichen Arbeit.
Lass ihn zum Kelch des Heils werden.

30 Alternativ kann EG 226 gesungen werden.

Wie die Körner von den Feldern
und die Beeren von den Weinbergen
jetzt auf diesem Tisch vereint sind in Brot und Wein,
so lass dein Volk bald versammelt werden
von den Enden der Erde in deinem Reich.

EINSETZUNGSWORTE

VATERUNSER

AGNUS DEI (EG 190,2)

FRIEDENSGRUSS

Der Friede Gottes begleite euch
auf dem Weg durch die Jahreszeiten des Lebens.
Er sei euch nahe, wenn es Herbst wird
in euren Gedanken und Gefühlen.

AUSTEILUNG

DANKGEBET

Heilender Gott,
du hast uns gestärkt mit dem Brot des Lebens
und dem Kelch des Heils.
Wir danken dir für die Kraft,
die du uns an deinem Tisch zuteil werden lässt,
auch und gerade in den Zeiten,
in denen das Leben abnimmt.
Lenke unseren Sinn,
dass wir bei allem Grübeln
über die Verluste unseres Lebens,
nicht das vergessen, was bleibt.
Sei du unsere Hoffnung und unsere Stärke
heute und morgen und an allen Tagen, die kommen.
Amen.

Segen

Kanon Ausgang und Eingang, Anfang und Ende (EG 175)

Segen

    Es segne dich Gott,
    der dich ins Leben geführt hat,
    der dich erhalten hat in den Jahreszeiten deines Lebens
    und der dich dereinst
    seine himmlische Herrlichkeit schauen lässt,
    wenn deine Füße dich nicht mehr tragen.
    Amen.

Musik

Literatur

Fontane, Theodor: Werke, Schriften und Briefe, hg. v. W. Keitel/H. Nürnberger, München 1962ff.

Goldschmidt, Stephan: Gottesdienste mit Symbolen, Göttingen 2005 (Dienst am Wort 102).

Leipold, Andreas: Die Feier der Kirchenfeste. Beitrag zu einer theologischen Festtheorie, Göttingen 2005.

Mylo, Ingrid: Kaffeeblüten, Kassel 1994.

Olbrich, Christiane (Hg.): Schenk dir Zeit: Texte – Bilder – Lieder, Karlsruhe ²1993.

Rilke, Rainer Maria: Neunzig Gedichte. Auswahl und Anmerkungen von Annemarie Christiansen, Frankfurt 1987.

Tillich, Paul: Das religiöse Symbol (Berlin 1930), in: Ders., Gesammelte Werke, Bd. 5, Stuttgart 1964, 196–212.

Tillich, Paul: Das Wesen der religiösen Sprache (New York 1959), in: Ders., Gesammelte Werke, Bd. 5, Stuttgart 1964, 213–222.

Tillich, Paul: Existenzialanalyse und religiöse Symbole (Detroit 1956), in: Ders., Gesammelte Werke, Bd. 5, Stuttgart 1964, 223–236.

Tillich, Paul: Recht und Bedeutung religiöser Symbole (New York 1961), in: Ders., Gesammelte Werke, Bd. 5, Stuttgart 1964, 237–244.

Register

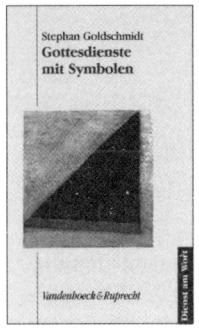

Stephan Goldschmidt
Gottesdienste mit Symbolen

Durch Symbole können auch abstrakte Inhalte (be)greifbar werden. Auch religiöse Inhalte lassen sich durch Symbole vermitteln, wodurch auch Menschen erreicht werden können, die sich durch traditionelle Gottesdienstformen nicht angesprochen fühlen.

Den zwölf hier vorgestellten Gottesdienstmodellen liegt jeweils ein Symbol zugrunde, das auch in den Gebeten, Meditationen, Liedern, Texten und Ansprachen thematisiert wird. Goldschmidts Sprache ist sowohl zeitgemäß als auch in der christlichen Tradition verankert. Alle zwölf Entwürfe haben einen besinnlichen und meditativen Charakter, der die Aufmerksamkeit der Lesenden und Hörenden von Anfang an zu fesseln versteht. Die Entwürfe eignen sich als Grundlage für Gottesdienste und Andachten, können aber auch als einzelne Bausteine verwendet werden.

Dienst am Wort,
Band 102.
2006. 111 Seiten,
kartoniert
ISBN 3-525-59510-7

Vandenhoeck & Ruprecht

2005. 208 Seiten,
kartoniert
ISBN 3-525-60257-X

Martin Nicol
**Einander ins Bild
setzen**
Dramaturgische
Homiletik
2., korrigierte und
überarbeitete Auflage
2005. 160 Seiten,
kartoniert
ISBN 3-525-60289-8

Beide Bände zusammen
zum Vorteilspreis
ISBN 3-525-60243-X

Martin Nicol / Alexander Deeg
Im Wechselschritt zur Kanzel
Praxisbuch Dramaturgische Homiletik

Bereits der 2002 erschienene Band
»Einander ins Bild setzen« hat die
dramaturgische Homiletik zum Begriff werden lassen, der die Predigt
als Kunst unter den Künsten versteht.
Film, Musik, Theater und Literatur
werden zu Nachbarkünsten der
Kanzelrede.

Jetzt zeigt das »Praxisbuch«, wie kon-
krete Schritte auf dem Weg zu einer
erneuerten Predigt aussehen können.
Die Forderung, im Wechselschritt zur
Kanzel zu schreiten, trägt der ästhe-
tischen Einsicht Rechnung, dass Form
und Inhalt nie für sich, sondern in
einem wechselseitigen Verhältnis zueinander stehen. So auch in der Predigt, die durch Moves und Structure,
Bibelwort und Kanzelsprache, Rede
und Ritual sowie ähnliche Wechsel-
schritte bestimmt ist. Praxisnah
geben Auszüge aus Predigten Impulse
für die eigene Kanzelrede.

Vandenhoeck & Ruprecht